Developing Chinese

第二版
2nd Edition

Intermediate Speaking Course

中级口语

（II）

蔡永强　编著

北京语言大学出版社
BEIJING LANGUAGE AND CULTURE
UNIVERSITY PRESS

Developing
Chinese

第二版
2nd Edition

编写委员会

主　编：李　泉

副主编：么书君　　张　健

编　委：李　泉　　么书君　　张　健　　王淑红　　傅　由　　蔡永强

编辑委员会

主　任：戚德祥

副主任：张　健　　王亚莉　　陈维昌

成　员：戚德祥　　张　健　　苗　强　　陈维昌　　王亚莉
　　　　王　轩　　于　晶　　李　炜　　黄　英　　李　超

总前言

　　《发展汉语》（第二版）为普通高等教育"十一五"国家级规划教材。为保证本版编修的质量和效率，特成立教材编写委员会和教材编辑委员会。编辑委员会广泛收集全国各地使用者对初版《发展汉语》的使用意见和建议，编写委员会据此并结合近年来海内外第二语言教学新的理论和理念，以及对外汉语教学和教材理论与实践的新发展，制定了全套教材和各系列及各册教材的编写方案。编写委员会组织全体编者，对所有教材进行了全面更新。

适用对象

　　《发展汉语》（第二版）主要供来华学习汉语的长期进修生使用，可满足初（含零起点）、中、高各层次主干课程的教学需要。其中，初、中、高各层次的教材也可供汉语言专业本科教学选用，亦可供海内外相关的培训课程及汉语自学者选用。

结构规模

　　《发展汉语》（第二版）采取综合语言能力培养与专项语言技能训练相结合的外语教学及教材编写模式。全套教材分为三个层级、五个系列，即纵向分为初、中、高三个层级，横向分为综合、口语、听力、阅读、写作五个系列。其中，综合系列为主干教材，口语、听力、阅读、写作系列为配套教材。

　　全套教材共28册，包括：初级综合（Ⅰ、Ⅱ）、中级综合（Ⅰ、Ⅱ）、高级综合（Ⅰ、Ⅱ），初级口语（Ⅰ、Ⅱ）、中级口语（Ⅰ、Ⅱ）、高级口语（Ⅰ、Ⅱ），初级听力（Ⅰ、Ⅱ）、中级听力（Ⅰ、Ⅱ）、高级听力（Ⅰ、Ⅱ），初级读写（Ⅰ、Ⅱ），中级阅读（Ⅰ、Ⅱ）、高级阅读（Ⅰ、Ⅱ），中级写作（Ⅰ、Ⅱ）、高级写作（Ⅰ、Ⅱ）。其中，每一册听力教材均分为"文本与答案"和"练习与活动"两本；初级读写（Ⅰ、Ⅱ）为本版补编，承担初级阅读和初级写话双重功能。

编写理念

　　"发展"是本套教材的核心理念。发展蕴含由少到多、由简单到复杂、由生疏到熟练、由模仿、创造到自如运用。"发展汉语"寓意发展学习者的汉语知识，发展学习者对汉语的领悟能力，发展学习者的汉语交际能力，发展学习者的汉语学习能力，不断拓展和深化学习者对当代中国社会及历史文化的了解范围和理解能力，不断增强学习者的跨文化交际能力。

　　"集成、多元、创新"是本套教材的基本理念。集成即对语言要素、语言知识、文化知识以及汉语听、说、读、写能力的系统整合与综合；多元即对教学法、教学理论、教学大纲以及教学材料、训练方式和手段的兼容并包；创新即在遵循汉语作为外语或第二语言教学规律、继承既往成熟的教学经验、汲取新的教学和教材编写研究成果的基础上，对各系列教材进行整体和局部的特色设计。

教材目标

总体目标：全面发展和提高学习者的汉语语言能力、汉语交际能力、汉语综合运用能力和汉语学习兴趣、汉语学习能力。

具体目标：通过规范的汉语、汉字知识及其相关文化知识的教学，以及科学而系统的听、说、读、写等语言技能训练，全面培养和提高学习者对汉语要素（语音、汉字、词汇、语法）形式与意义的辨别和组配能力，在具体文本、语境和社会文化规约中准确接收和输出汉语信息的能力，运用汉语进行适合话语情境和语篇特征的口头和书面表达能力；借助教材内容及其教学实施，不断强化学习者汉语学习动机和自主学习的能力。

编写原则

为实现本套教材的编写理念、总体目标及具体目标，特确定如下编写原则：

（1）课文编选上，遵循第二语言教材编写的针对性、科学性、实用性、趣味性等核心原则，以便更好地提升教材的质量和水平，确保教材的示范性、可学性。

（2）内容编排上，遵循第二语言教材编写由易到难、急用先学、循序渐进、重复再现等通用原则，并特别采取"小步快走"的编写原则，避免长对话、长篇幅的课文，所有课文均有相应的字数限制，以确保教材好教易学，增强学习者的成就感。

（3）结构模式上，教材内容的编写、范文的选择和练习的设计等，总体上注重"语言结构、语言功能、交际情境、文化因素、活动任务"的融合、组配与照应；同时注重话题和场景、范文和语体的丰富性和多样化，以便全面培养学习者语言理解能力和语言交际能力。

（4）语言知识上，遵循汉语规律、汉语教学规律和汉语学习规律，广泛吸收汉语本体研究、汉语教学研究和汉语习得研究的科学成果，以确保知识呈现恰当，诠释准确。

（5）技能训练上，遵循口语、听力、阅读、写作等单项技能和综合技能训练教材的编写规律，充分凸显各自的目标和特点，同时注重听说、读说、读写等语言技能的联合训练，以便更好地发挥"综合语言能力＋专项语言技能"训练模式的优势。

（6）配套关联上，发挥系列配套教材的优势，注重同一层级不同系列平行或相邻课文之间，在话题内容、谈论角度、语体语域、词汇语法、训练内容与方式等方面的协调、照应、转换、复现、拓展与深化等，以便更好地发挥教材的集成特点，形成"共振"合力，便于学习者综合语言能力的养成。

（7）教学标准上，以现行各类大纲、标准和课程规范等为参照依据，制订各系列教材语言要素、话题内容、功能意念、情景场所、交际任务、文化项目等大纲，以增强教材的科学性、规范性和实用性。

实施重点

为体现本套教材的编写理念和编写原则，实现教材编写的总体目标和具体目标，全套教材突出了以下实施重点：

（1）系统呈现汉语实用语法、汉语基本词汇、汉字知识、常用汉字；凸显汉语语素、语段、语篇教学；重视语言要素的语用教学、语言项目的功能教学；多方面呈现汉语口语语体和书面语体的特点及其层次。

（2）课文内容、文化内容今古兼顾，以今为主，全方位展现当代中国社会生活；有针对性地融入与学习者理解和运用汉语密切相关的知识文化和交际文化，并予以恰当的诠释。

（3）探索不同语言技能的科学训练体系，突出语言技能的单项、双项和综合训练；在语言要素学习、课文读解、语言点讲练、练习活动设计、任务布置等各个环节中，凸显语言能力教学和语言应用能力训练的核心地位。并通过各种练习和活动，将语言学习与语言实践、课内学习与课外习得、课堂教学与目的语环境联系起来、结合起来。

（4）采取语言要素和课文内容消化理解型练习、深化拓展型练习以及自主应用型练习相结合的训练体系。几乎所有练习的篇幅都超过该课总篇幅的一半以上，有的达到了2/3的篇幅；同时，为便于学习者准确地理解、掌握和恰当地输出，许多练习都给出了交际框架、示例、简图、图片、背景材料、任务要求等，以便更好地发挥练习的实际效用。

（5）广泛参考《汉语水平等级标准与语法等级大纲》（1996）、《汉语水平词汇与汉字等级大纲》（2001）、《高等学校外国留学生汉语言专业教学大纲》（2002）、《国际汉语教学通用课程大纲》（2008）、《欧洲语言共同参考框架：学习、教学、评估》（中译本，2008）、《新汉语水平考试大纲（HSK1-6级）》（2009-2010）等各类大纲和标准，借鉴其相关成果和理念，为语言要素层级确定和选择、语言能力要求的确定、教学话题及其内容选择、文化题材及其学习任务建构等提供依据。

（6）依据《高等学校外国留学生汉语教学大纲（长期进修）》（2002），为本套教材编写设计了词汇大纲编写软件，用来筛选、区分和确认各等级词汇，控制每课的词汇总量和超级词、超纲词数量。在实施过程中充分依据但不拘泥于"长期进修"大纲，而是参考其他各类大纲并结合语言生活实际，广泛吸收了诸如"手机、短信、邮件、上网、自助餐、超市、矿泉水、物业、春运、打工、打折、打包、酒吧、客户、密码、刷卡"等当代中国社会生活中已然十分常见的词语，以体现教材的时代性和实用性。

基本定性

《发展汉语》（第二版）是一个按照语言技能综合训练与分技能训练相结合的教学模式编写而成的大型汉语教学和学习平台。整套教材在语体和语域的多样性、语言要素和语言知识及语言技能训练的系统性和针对性，在反映当代中国丰富多彩的社会生活、展现中国文化的多元与包容等方面，都做出了新的努力和尝试。

《发展汉语》（第二版）是一套听、说、读、写与综合横向配套，初、中、高纵向延伸的、完整的大型汉语系列配套教材。全套教材在共同的编写理念、编写目标和编写原则指导下，按照统一而又有区别的要求同步编写而成。不同系列和同一系列不同层级分工合作、相互协调、纵横照应。其体制和规模在目前已出版的国际汉语教材中尚不多见。

特别感谢

感谢国家教育部将《发展汉语》（第二版）列入国家级规划教材，为我们教材编写增添了动力和责任感。感谢编写委员会、编辑委员会和所有编者高度的敬业精神、精益求精的编写态度，以及所投入的热情和精力、付出的心血与智慧。其中，编写委员会负责整套教材及各系列教材的规划、设计与编写协调，并先后召开几十次讨论会，对每册教材的课文编写、范文遴选、体例安排、注释说明、练习设计等，进行全方位的评估、讨论和审定。

感谢中国人民大学么书君教授和北京语言大学出版社张健副社长为整套教材编写作出的特别而重要的贡献。感谢北京语言大学出版社戚德祥社长对教材编写和编辑工作的有力支持。感谢关注本套教材并贡献宝贵意见的对外汉语教学界专家和全国各地的同行。

特别期待

○ 把汉语当做交际工具而不是知识体系来教、来学。坚信语言技能的训练和获得才是最根本、最重要的。

○ 鼓励自己喜欢每一本教材及每一课书。教师肯于花时间剖析教材，谋划教法。学习者肯于花时间体认、记忆并积极主动运用所学教材的内容。坚信满怀激情地教和饶有兴趣地学会带来丰厚的回馈。

○ 教师既能认真"教教材"，也能发挥才智弥补教材的局限与不足，创造性地"用教材教语言"，而不是"死教教材"、"只教教材"，并坚信教材不过是教语言的材料和工具。

○ 学习者既能认真"学教材"，也能积极主动"用教材学语言"，而不是"死学教材"、"只学教材"，并坚信掌握一种语言既需要通过课本来学习语言，也需要在社会中体验和习得语言，语言学习乃终生之大事。

李　泉

适用对象

　　《发展汉语·中级口语》（Ⅱ）与《发展汉语·中级口语》（Ⅰ）相衔接。适合已经具有中级汉语水平，已掌握基本汉语语法和2000-2500常用词的汉语学习者使用。

教材目标

　　本教材的核心目标是，全方位提高汉语学习者的口语表达能力，特别是基于日常对话和语篇语段的口语综合表达能力。具体如下：

　　（1）通过招牌句和语法结构句的训练，使学习者形成正确的语音和语调。

　　（2）通过词语解析和运用，使学习者能够熟练地运用中级汉语常用词语和相关句式。

　　（3）通过具体语境中的问答对话和功能项目训练，使学习者能够运用常用句式进行清楚、准确、得体的对话和表达。

　　（4）通过对社会生活中一般话题（如学习工作、家庭生活、社会热点等）的学习和讨论，使学习者形成初步的成段表达能力和活用目标语言的能力。

特色追求

　　本教材以实用性的选文、内容、练习、体例为学习者建立一个口语训练平台，编写过程中努力突出了以下三个特色：

　　（1）选文的广泛性和时代性

　　社会在不断发展，语言生活也随之变化。在教材编写过程中，我们尽可能选择当前报纸、网络、杂志、书籍、广播电视中的热点话题和焦点问题。选文立足"中国事情"，突出中国元素，同时也兼顾世界性的话题和跨文化交际问题，力求使课文内容充满现代气息，便于课堂讨论。

　　（2）编排的科学性和实用性

　　教材在体例上设计为六个部分：课文、词语练习、实用招牌句、功能项目练习、交际活动与任务、自主学习日积月累。力求体现以学习者为中心的设计理念，充分考虑学习者的需求、兴趣、能力和学习习惯。采取"小步快走，随学随练"的方式，多角度、多层次地对学习者进行口语知识的传授和口语技能的训练。课文和练习，注重突出口语风格；注重话题、对话和情景的可复制性，以保证学习内容的实用性。

　　（3）练习的交际性和任务性

　　交际性练习追求情景的真实性，凸显话题的交际性，将词语、句式的运用置于具体情景中，以确保学习者在较为真实的环境中灵活运用一些高频词和口语常用格式。通过口语交际技能训练，使学习者在成句表达的基础上，逐步具备以话题交际为基础的初步成段表达能力。

　　任务性练习确保任务条件、任务要求的设计完善，以便有利于学习者在自助和互动中完成具体的语言任务，如采访调查、即兴对话等。

使用建议

（1）本书共15课，建议每课用6课时完成。

（2）教材的体例安排基本与课堂教学环节相吻合。教师可根据教学内容，适当安排学生走出课堂，利用所学的语言内容和交际知识完成具体的语言任务。

（3）"交际活动与任务"中的部分练习可适当安排学生提前准备，以检查预习的方式完成。但"小组活动"要求课堂完成，学生可以在横线上简单记录对话内容。

（4）每课课后的"自主学习、日积月累"，供学习者记录自主学习的语言知识、文化知识、交际心得等，教师可适当加以指点和引导。

特别期待

◎ 认真预习和复习。

◎ 坚信"保持沉默"绝对学不好口语。

◎ 坚信"多问多说"就能学好口语。

◎ 自主学习，寻找一切机会跟中国人说汉语。

◇ 结合教学内容不断激发学习者的表达欲望。

◇ 坚信只要学习者用汉语说就是口语的进步。

◇ 帮助学习者把话说下去，而不是忙于纠正言语偏误。

◇ 不断营造适合学习者表达的和谐氛围，而不是忙于讲解。

《发展汉语》（第二版）编写委员会及本册教材编者

目 录 | # Contents

语法术语及缩略形式参照表
Abbreviations of Grammar Terms

Grammar Terms in Chinese	Grammar Terms in *pinyin*	Grammar Terms in English	Abbreviations
名词	míngcí	noun	n. / 名
代词	dàicí	pronoun	pron. / 代
数词	shùcí	numeral	num. / 数
量词	liàngcí	measure word	m. / 量
动词	dòngcí	verb	v. / 动
助动词	zhùdòngcí	auxiliary	aux. / 助动
形容词	xíngróngcí	adjective	adj. / 形
副词	fùcí	adverb	adv. / 副
介词	jiècí	preposition	prep. / 介
连词	liáncí	conjunction	conj. / 连
助词	zhùcí	particle	part. / 助
拟声词	nǐshēngcí	onomatopoeia	onom. / 拟声
叹词	tàncí	interjection	int. / 叹
前缀	qiánzhuì	prefix	pref. / 前缀
后缀	hòuzhuì	suffix	suf. / 后缀
成语	chéngyǔ	idiom	idm. / 成
主语	zhǔyǔ	subject	S
谓语	wèiyǔ	predicate	P
宾语	bīnyǔ	object	O
补语	bǔyǔ	complement	C
动宾结构	dòngbīn jiégòu	verb-object	VO
动补结构	dòngbǔ jiégòu	verb-complement	VC
动词短语	dòngcí duǎnyǔ	verbal phrase	VP
形容词短语	xíngróngcí duǎnyǔ	adjectival phrase	AP

学习指南

课号	内容/话题	语言点	实用招牌句	功能
1	朋友间互助 家用小电器 饭馆点菜	……，要不…… ……或者…… 在……下 A 是 A，可是…… 千万 再说 哪能……呢	1. 在家靠父母，出门靠朋友。 2. 我想办张银行卡。 3. 附近有超市吗？ 4. 真拿你没办法！ 5. 有什么忌口的吗？ 6. 服务员，这个菜打包。	1. 介绍（人/事物） 2. 感谢 3. 问路
2	中国的家庭 现代离婚 现代婚姻形式	对……来说 难道……吗 ……或是…… 因为/由于……的关系 ……上 在……看来	1. 这要看怎么说。 2. 为什么这么说呢？ 3. 我也有同感。 4. 那倒不是。 5. 有什么办法呢？	4. 推论 5. 表示无奈、没有办法(1) 6. 叙述 7. 选择
3	去银行办卡 会员卡 卡的时代	此外 v. + 上 好不容易 不管……，都/也…… 这个……那个…… ……来……去	1. 请问您要办理什么业务？ 2. 请填一下这张表。 3. 天上掉馅饼。 4. 这有什么难的？ 5. 你想得太简单了。 6. 弄得我一晚上都没睡好。	8. 表示排除 9. 说明 10. 双重否定 11. 表示吃惊、奇怪
4	啃老族现象 说说啃老族 网上评论	不是……而是…… 难怪 反正 动不动 和……相比 在……程度上	1. 哀其不幸，怒其不争。 2. 值得注意的是，…… 3. 这种说法站不住脚。 4. 高不成，低不就。 5. 戴着有色眼镜看问题。 6. 站着说话不腰疼。	12. 转告、转述 13. 批评 14. 表示同情 15. 表示反对、不赞成
5	出租车司机 超车和并线 酒后开车	不如 万一 看/瞧把……得 A（点儿）就 A 点儿吧 否则 鉴于此	1. 有这回事儿吗？ 2. 哪有心思聊天儿？ 3. 给您停哪儿？ 4. 这样开车太危险了。 5. 那是两回事儿。 6. (可是/不过)话又说回来，………	16. 表示无奈、没有办法(2) 17. 改变话题 18. 表示担心 19. 表示不在乎

课号	内容/话题	语言点	实用招牌句	功能
6	音乐的力量 逛音像店 邓丽君的歌	之所以……，是因为…… 总之 v. 着v.着就…… v. + 起来 没有任何……能…… 不仅仅……更……	1. 生活中不能没有音乐。 2. ……经典中的经典。 3. 你喜欢听什么音乐？ 4. 他们是全国连锁的。 5. 什么风格的都有。 6. 场面非常火暴！	20. 概括 21. 评价 22. 表示同意、 　　赞成
7	猎人和狮子 不顺的一天 因小失大	毫无 说什么/怎么着也得…… v./adj. + 过来 顺便 好在……不然/否则…… 再……不过	1. 这肯定是一个陷阱。 2. 很久才明白过来。 3. 出什么事儿了？ 4. 换成你，你不生气吗？ 5. 看来，只能这样了。 6. 再合适不过。	23. 表示相信 24. 表示不必、没 　　有必要 25. 表示庆幸 26. 解释（1）
8	中学生的一天 采访校长 什么是教育	恨不得 除了……还是…… 不妨 A也不是，不A也不是 乍看起来/乍看上去/ 乍一 反之	1. 真是太不像话了！ 2. ……沾着枕头就睡着了。 3. 能谈谈您（你）的看法吗？ 4. 对不起，我想插一句，…… 5. 这么说，…… 6. 如果有时间，我们以后 　　再聊。	27. 责备 28. 插话 29. 结束交谈（1）
9	面试谈话 面试经验 我工作我快乐	从……来看 对……有兴趣/感兴趣 是……，但/可…… 免得 实际上 究竟 一大早/一肚子/一口气 ……死	1. 能不能占用您几分钟时 　　间？ 2. 需要的话，我们给你打 　　电话。 3. 我们就谈到这儿吧。 4. 俗话说，…… 5. 隔行如隔山。	30. 表示喜欢/不 　　喜欢 31. 表示谦虚 32. 结束交谈（2） 33. 表示羡慕
10	南北差别 怎么读书 地域与文化	不……不…… A也好/也罢，B也好/也罢 过于 反而/反倒 一旦 莫过于	1. 旁观者清，当局者迷。 2. 你能举个例子吗？ 3. 你的意思是说，…… 4. 各打五十大板。 5. 多挤点儿时间，多读点儿书。 6. 每座城市都有自己的文 　　化特色。	34. 表示看不起、 　　轻视 35. 估计 36. 建议 37. 列举

课号	内容/话题	语言点	重点句	功能
⑪	我是市长 代表的问题 城市化	以便 怎么……怎么…… 何况 没有……就没有…… 远远/大大/好好 以致	1. 没有想象的那么简单。 2. 俗话说：说起来容易做起来难。 3. 不怕做不到，就怕想不到。 4. 好，我一定会考虑。 5. 头都大了。 6. 算了，我还是当普通老百姓吧。	38. 保证 39. 引起注意 40. 表示顿悟、突然明白了 41. 表示害怕
⑫	说说慢活族 模特的背后 低碳生活	亏 以[介] ……什么……什么 白/白白 相当于 与其……不如……	1. 真叫人难以相信。 2. 亏你想得出来。 3. 不好驳……的面子。 4. 我早就有这个愿望。 5. 要什么有什么。 6. ……不是一句空话。	42. 表示不相信 43. 表示希望 44. 表示愿意/不愿意 45. 开始话题
⑬	无纸化阅读 网上购物 虚拟时代	再也…… 不但……反而/反倒…… 够……的（了） 先……再说 因……而…… 以至/以至于	1. 这个不是问题。 2. 这种可能性太小了。 3. 我觉得这是早晚的事儿。 4. 话不能这么说。 5. 你有把握吗? 6. 我迷上了……	46. 退出交谈 47. 表示有把握/没有把握 48. 纠正 49. 表示信任/不信任
⑭	富翁和渔夫 这山望着那山高 富翁的诡计	而已 前者……后者…… 这……那…… 宁可……也不…… 简直 以[连]	1. 知足者常乐。 2. 那你以为我现在在干什么呢? 3. 这山望着那山高。 4. 这也不好那也不好。 5. 站着说话不腰疼。	50. 劝告 51. 解释(2) 52. 警告
⑮	用红笔改作业 与孔子交流 孟母三迁	代之以 话是这么说，不过…… 能……吗 皱眉头/紧皱眉头/皱了一下眉头/眉头一皱/皱皱眉头 一会儿……一会儿……	1. 我不这么认为。 2. 这不是小题大做嘛! 3. 这是两码事。 4. 我打一个比方。 5. 另外，我再补充一点，…… 6. 是有这么回事儿。	53. 提醒 54. 请对方重复 55. 安慰 56. 表示释然

 在家靠父母，出门靠朋友

课文一　我想办张银行卡

生　词　01

1. 卡	kǎ	（名）	card
办卡	bàn kǎ		apply for a card
2. 专业	zhuānyè	（名）	major; specialty
3. 要不	yàobù	（连）	otherwise; or else
4. 填	tián	（动）	fill in
5. 可靠	kěkào	（形）	reliable; trustworthy
6. 国有	guóyǒu	（动）	state-owned
7. 非	fēi	（前缀）	not; non-; in-; un-

课　文　02

大卫是美国留学生，在美国学过三年汉语，来中国已经几个月了。王楠是新闻专业的研究生，在美国留学时认识了大卫。这次，大卫想请王楠帮他办张银行卡。

大卫：你这个周末有时间吗？

王楠：应该没什么事儿，需要我帮忙吗？

大卫：我想办张银行卡，要不买东西太不方便了。

王楠：我周六、周日都有时间。

大卫：办卡麻烦吗？

王楠：不麻烦，带上你的护照和学生证，去银行填张表就行了。

大卫：你觉得哪家银行比较可靠？

1

王楠：我个人觉得都差不多。

大卫：是不是国有银行比较好？

王楠：国有、非国有都一样，就去中国银行吧。我的卡就是在那儿办的。

大卫：那你看周六可以吗？

王楠：可以，到时候提前给我打电话或者发短信。

大卫：真是太谢谢你了。

王楠：嗨，跟我你还客气什么！

想一想，说一说

1. 办银行卡需要带哪些证件？

2. 星期六，王楠和大卫怎么联系？

3. 大卫为什么想办银行卡？

4. 王楠什么时候有空儿？

读一读，试一试

1. 我想办张银行卡，要不买东西太不方便了。（……，要不……）

（1）我得在公司附近租间房子，要不上下班太不方便了。

（2）把剩下的饭菜打包吧，＿＿＿＿＿＿＿＿＿＿＿。

（3）我想买本电子词典，＿＿＿＿＿＿＿＿＿＿＿。

（4）＿＿＿＿＿＿＿＿＿＿＿，要不他们俩准得吵起来。

2. 可以，到时候提前给我打电话或者发短信。（……或者……）

（1）外国学生办银行卡，需要带着护照、学生证或者其他有效证件。

（2）方便的时候你来找我吧，＿＿＿＿＿＿＿＿＿都可以。

（3）＿＿＿＿＿＿＿＿＿，你说去哪儿，咱们就去哪儿。

（4）如果不知道坐什么车，＿＿＿＿＿＿＿＿＿，他们两个肯定知道。

课文二　附近有超市吗

生　词 `03`

1. 金融	jīnróng	（名）	finance
2. 危机	wēijī	（名）	crisis
3. 变压器	biànyāqì	（名）	transformer
4. 电压	diànyā	（名）	voltage
5. 插头	chātóu	（名）	plug
6. 插座	chāzuò	（名）	socket
7. 网线	wǎngxiàn	（名）	network cable; network line
8. 掉线	diàoxiàn	（动）	disconnect
9. 稳定	wěndìng	（形）	stable; steady

课　文 `04`

> 在王楠的帮助下，大卫去中国银行办了一张卡。回来的路上，他想去超市买些东西。可王楠有点儿累了，不想去。

大卫：王楠，附近有超市吗？

王楠：刚办了张卡就想消费，现在是金融危机，要省钱！

大卫：不是，我得去买个变压器。

王楠：对了，来之前忘了告诉你了，中国的电压是220伏。

大卫：是啊，有些电器用不了。插头也不一样，电脑也用不了。

王楠：那就再买个多功能插头或插座，以后到哪儿都能用。

大卫：我还想买条长点儿的网线，我房间的太短了。

王楠：你的电脑不能无线上网吗？

大卫：能是能，可是无线上网有时会掉线，不如有线上网稳定。

王楠：你看，前面的路口往左拐就有一家超市，你自己去吧，我有点儿累了。

大卫：你陪我一起去吧。你刚去美国的时候，换钱都得拉着我给你当翻译。

王楠：好，真拿你没办法！

大卫：这不叫"没办法"，用中国话说，这叫"在家靠父母，出门靠朋友"。

想一想，说一说

1. 大卫想去超市买什么？

2. 大卫为什么要买网线？

3. 王楠为什么不想去超市了？

4. 说说王楠刚到美国时的情况。

5. 说说你房间里常用电器的名称。

读一读，试一试

1. 在王楠的帮助下，大卫去中国银行办了一张卡。（在……下）

（1）在就业这么困难的情况下，你能找到这么好的工作，祝贺你！

（2）在我的劝说下，＿＿＿＿＿＿＿＿＿＿＿＿。

（3）＿＿＿＿＿＿＿＿＿＿，我们只能依靠自己的努力。

（4）＿＿＿＿＿＿＿＿＿＿，公司顺利渡过了难关。

2. 能是能，可是无线上网有时会掉线，不如有线上网稳定。（A是A，可是……）

（1）批评他，应该是应该，但不能把所有责任都推给他一个人。

（2）他们俩吵架是吵架，＿＿＿＿＿＿＿＿＿＿＿。

（3）＿＿＿＿＿＿＿＿＿＿，可是穿上显得特别帅，有精神。

（4）＿＿＿＿＿＿＿＿＿＿，可是我没有时间啊。

课文三　我不吃香菜

生词　05

1. 香菜	xiāngcài	（名）	coriander; cilantro
2. 欢迎	huānyíng	（动）	welcome

3. 光临	guānglín	（动）	honor somebody with one's presence
4. 点菜	diǎncài	（动）	order
5. 煮	zhǔ	（动）	heat food or other things in a container filled with water
6. 素菜	sùcài	（名）	vegetable dish (without meat)
7. 凉拌	liángbàn	（动）	(of food) cold and dressed with sauce
8. 果汁	guǒzhī	（名）	fruit juice
9. 忌口	jìkǒu	（动）	avoid certain food (as when one is ill or for some other reason)
10. 稍等	shāoděng	（动）	wait a moment; just a moment
11. 破费	pòfèi	（动）	spend money; go to some expense
12. 接风	jiēfēng	（动）	give a welcome dinner for a visitor from afar

课 文

> 王楠陪大卫去银行办了卡，然后又去超市买了多功能插头和插座。从超市出来，已经快七点了，大卫要请王楠吃饭。他们提着买的东西，去饭馆吃饭。

服务员：欢迎光临，二位里面请。

王　楠：请给我们找个靠窗户的地方。

（服务员帮他们找了一张靠窗户的桌子。）

服务员：这是菜单，请二位点菜。

大　卫：来个水煮牛肉。

王　楠：这是辣的，你吃得惯吗？

大　卫：没问题，我在美国的中餐馆也常常吃辣的。

王　楠：清炒西蓝花。

大　卫：再点一个宫保鸡丁。

王　楠：再来一个素菜，凉拌苦瓜。

服务员：请问二位喝点儿什么？

大　卫：来一瓶青岛啤酒。你喝什么？

王　楠：一杯果汁。

服务员：主食吃什么？

王　楠：两碗米饭。

服务员：二位有什么忌口的吗？

王　楠：我没有。

大　卫：我有！请告诉厨房的师傅，千万不要放香菜，我不吃香菜！

王　楠：大卫，入乡随俗，试试吧。

大　卫：不行不行。这就像你吃不了七成熟的牛肉一样！

（王楠和大卫吃完了饭，准备离开。）

王　楠：服务员，买单！这个菜打包。

服务员：请二位稍等。

大　卫：等等。我说了我请客，再说你帮了我这么大的忙，哪能让你破费呢？

王　楠：还是我请你吧，你刚来中国，我给你接风。

大　卫：那就让你破费了，下次我再请你。

想一想，说一说

1. 除了课文中说到的中国菜，你还知道哪些中国菜？

2. 大卫和王楠一起去银行（　　　　）了一张银行卡，然后又去超市买了一些东西。（　　　　）表示感谢，大卫要请王楠的客。他们让饭馆服务员找了一张（　　　　）窗户的桌子。大卫（　　　　）的是荤菜，王楠要了两个素菜。他们还要了一（　　　　）啤酒、一（　　　　）果汁、两（　　　　）米饭。王楠（　　　　）忌口的，但大卫有忌口的，他不吃香菜。本来是大卫请客，（　　　　）最后却是王楠买的单，她说算是（　　　　）大卫接风。

读一读，试一试

1. 请告诉厨房的师傅，千万不要放香菜，我不吃香菜！（千万）

（1）最近股票市场（gǔpiào shìchǎng, stock market）非常不稳定，你要买股票的话，千万要小心。

（2）明天上午八点，会议准时开始，_____。

（3）_____，千万不要告诉任何人。

（4）_____，千万不要大意。

2. 我说了我请客，再说你帮了我这么大的忙，哪能让你破费呢？（再说）

（1）他不是有意的，再说，他也承认了自己的错误，我们不要再批评他了。

（2）时间太晚了，_____，还是明天再去找她吧。

（3）_____，再说，大卫一直想去看京剧，这张票还是送给大卫吧。

（4）_____，再说我对球赛从来都没什么兴趣，_____。

3. 我说了我请客，再说你帮了我这么大的忙，哪能让你破费呢？（哪能……呢）

（1）他哪能这么说话呢？明明是他自己做错了，还对别人说三道四。

（2）这都是粮食，_____？真可惜！

（3）你哪能说辞职就辞职呢？_____。

（4）你是大卫！我哪能忘记呢？当初_____。

词语练习

一、模仿例子说出更多的词语。

例：金融危机：经济危机　　信任危机　　感情危机

1. 素菜：_____　　_____　　_____

2. 网线：_____　　_____　　_____

3. 变压器：_____　　_____　　_____

4. 银行卡：_____　　_____　　_____

二、选择词语填空。

专业　　填　　忌口　　稍等　　稳定　　破费

1. 我从小就不喜欢金融，我才不会选择这个（　　　）呢！

2. 你们（　　　）一下，我上楼拿个东西，很快就下来。

3. 这个地方你（　　　）错了，在旁边改一下吧。

4. 这次让你（　　　）了，下次我们再请你。

5. 我希望找一份（　　　）的工作，不想今天干这个明天干那个。

6. 我没有什么（　　　）的，什么都吃，但不要太咸（xián, salty）了。

三、根据拼音写汉字，然后读一读，并说说这些词语的意思。

1. 今天的网络非常不稳定，老是diàoxiàn（　　　）。

2. 你为什么总是点sùcài（　　　）啊？

3. 英语中说"到了罗马就要遵守罗马的法律"，汉语中的"rù xiāng suí sú（　　　　）"
也有这个意思。

4. shuǐzhǔ（　　　）牛肉是辣的，你吃得惯吗？

实用

招牌句

1. 在家靠父母，出门靠朋友。

2. 我想办张银行卡。

3. 附近有超市吗？（附近哪儿有超市？）

4. 真拿你没办法！

5. 有什么忌口的吗？

6. 服务员，这个菜打包。

大声读，背下来！

用一用，练一练

1. A：你好，_____？

　　B：噢，你一直往前走，在前边那个路口左拐，再往前走50米，就有一家。

2. A：_____，买单，给我开张发票。

　　B：好的，请稍等一下。

3. A：请问，_____？

B：对了，差点儿忘了告诉你，一定不要放香菜，还有辣椒。

4. A：哎呀，你就和我一起去吧，求你了！

B：好吧，_____。

5. A：您好，请问您要办理什么业务？

B：_____。

6. A：这次来中国，真是多亏你帮忙了。

B：_____，朋友之间互相帮助是应该的。

功能项目练习

1. 介绍（人/事物）

例：我给你介绍一下。

我给你介绍一下；我帮你介绍一下；让我给你介绍一下；我来给大家介绍一下

（1）大卫和王楠去参加一个朋友的生日晚会。王楠要让大卫和她的几个朋友明珠、

王兰、玛丽、山田互相认识。

王楠：_____，这是大卫，美国人，……

大卫：大家好！很高兴认识你们。

王楠：大卫，_____，这是明珠，这是王兰，……

（2）大卫不知道地铁的情况，王楠告诉他。

王楠：_____。北京的地铁一共有10条，……

2. 感谢

例：真是太谢谢你了。

真是太谢谢你/您了；非常感谢；实在太感谢了；真不知怎么感谢你/您才好

王楠帮大卫买了一本词典，大卫表示感谢。

大卫：_____。

王楠：不客气。

3. 问路

例：王楠，附近有超市吗？

附近有……吗；请问，哪儿有……；去……怎么走；去……坐什么车；……离这儿多远

（1）大卫想去银行，但不知道在哪儿，他要找一个人问问。

大卫：你好，_____？

（2）大卫想去家乐福超市，但不知道怎么去，他要找一个人问问。

大卫：你好，请问_____？

（3）大卫想去健身房，不知道远不远，他问王楠。

大卫：王楠，_____？

王楠：不远，走路10分钟就到。

交际活动与任务

一 根据情景完成对话，然后读一读。

我想吃饺子

（在饭馆）

服务员：请问您想吃点儿什么？

大 卫：有饺子吗？

服务员：有，_____？（馅儿）

大 卫：牛肉的和三鲜的各来三两。

服务员：_____？（忌口）

大 卫：没有。

服务员：好，_____？（还是）

大 卫：不要速冻（sùdòng, quick-frozen）的，要手工（shǒugōng, hand-made）的，我喜欢吃现做的饺子。

服务员：手工的需要等一会儿。

大 卫：_____？（多长）

服务员：十五分钟左右。

大　卫：没关系，请尽量快一点儿。

服务员：＿＿＿＿＿＿＿＿＿＿＿？（别的）

大　卫：不要了，对了，来一壶（hú, pot）菊花茶。

服务员：请稍等。

二　小组活动。

假设有两名顾客去饭馆吃饭，请两人或三人一组，扮演顾客和服务员进行对话，并把对话内容写出来。

1. 饭菜名称：宫保鸡丁　酸辣汤　西红柿炒鸡蛋　凉拌苦瓜　果汁　啤酒　米饭

2. 尽量使用以下词语：

忌口　打包　菜单　主食　结账/买单　刷卡　欢迎光临　现金　点菜　靠近
素菜　饺子　辣椒　馅儿　香菜　窗户

服务员：＿＿＿＿＿＿＿＿＿＿＿＿＿＿＿＿＿＿＿＿＿＿＿＿＿＿＿

顾　客：＿＿＿＿＿＿＿＿＿＿＿＿＿＿＿＿＿＿＿＿＿＿＿＿＿＿＿

服务员：＿＿＿＿＿＿＿＿＿＿＿＿＿＿＿＿＿＿＿＿＿＿＿＿＿＿＿

顾　客：＿＿＿＿＿＿＿＿＿＿＿＿＿＿＿＿＿＿＿＿＿＿＿＿＿＿＿

服务员：＿＿＿＿＿＿＿＿＿＿＿＿＿＿＿＿＿＿＿＿＿＿＿＿＿＿＿

顾　客：＿＿＿＿＿＿＿＿＿＿＿＿＿＿＿＿＿＿＿＿＿＿＿＿＿＿＿

服务员：＿＿＿＿＿＿＿＿＿＿＿＿＿＿＿＿＿＿＿＿＿＿＿＿＿＿＿

顾　客：＿＿＿＿＿＿＿＿＿＿＿＿＿＿＿＿＿＿＿＿＿＿＿＿＿＿＿

服务员：＿＿＿＿＿＿＿＿＿＿＿＿＿＿＿＿＿＿＿＿＿＿＿＿＿＿＿

顾　客：＿＿＿＿＿＿＿＿＿＿＿＿＿＿＿＿＿＿＿＿＿＿＿＿＿＿＿

三　走向社会。

请亲自调查以下问题，然后在班里作报告。

1. 去一家银行问一下，外国人在中国怎么办银行卡。

2. 上网查一查：一般人对国有银行和非国有银行的印象有什么不同？

用汉字、拼音或你的母语，记下你觉得最有用的词语、句子、文化知识等。

2 三口之家是理想的家庭吗

课文一　三口之家是理想的家庭吗

生　词　07

1.	足够	zúgòu	（形）	enough
2.	构成	gòuchéng	（动）	constitute; be made up of; form
3.	孤单	gūdān	（形）	lonely
4.	溺爱	nì'ài	（动）	spoil (one's child)
5.	政策	zhèngcè	（名）	policy
6.	的确	díquè	（副）	really
7.	预测	yùcè	（动）	predict
8.	粮食	liángshi	（名）	general term for grain, cereals, beans and potatoes used as food

课　文　08

> 大卫和王楠在星巴克（Starbucks）喝咖啡聊天儿，看到很多幸福的三口之家：丈夫和妻子陪着一个孩子，有说有笑。大卫和王楠一边喝咖啡，一边讨论中国的三口之家。

大卫：王楠，现在中国的家庭都只有一个孩子吗？

王楠：对，城市里绝大部分都是一个孩子。

大卫：你觉得这样的三口之家是理想的家庭吗？

王楠：这要看怎么说。对丈夫和妻子来说，可能一个孩子已经足够了。

大卫：为什么这么说呢？

王楠：两个人结婚，有孩子以后关系就比较稳定了；而且，一个孩子，教育等费用不会太高。

大卫：难道没有孩子就不稳定吗？

王楠：我觉得是。丈夫、妻子、孩子，三个点才能构成一个平面。

大卫：但三口之家可能对孩子不太好，一个孩子，太孤单了。

王楠：我也有同感。其实，独生子女有很多缺点。

大卫：来中国之前，我听过"小皇帝"的说法。

王楠：对，不过，现在越来越多的父母已经注意到这个问题了。

大卫：他们是不是觉得一个孩子太少了，想再生一个？

王楠：那倒不是。我是说父母正在渐渐改变教育孩子的方式。

大卫：我觉得最重要的是不能溺爱。

王楠：我也是这么想的。应该让孩子知道，"自己的事情自己做"。

大卫：你刚才说，独生子女有很多缺点，你是不同意中国"一个孩子"的政策吗？

王楠：这要看怎么说。一家只有一个孩子，的确对孩子的成长不利，但有什么办法呢？中国的人口实在太多了。

大卫：以前曾有专家预测，中国会因为人口太多而没有粮食吃。

王楠：是啊。如果想到这一点，就不要再批评中国的人口政策了。

大卫：看来，你以后会选择三口之家了？

王楠：当然，考虑各种因素，三口之家是比较理想的家庭。

想一想，说一说

1. 独生子女的利和弊各是什么？

2. 你觉得三口之家是理想的家庭吗？

3. 说说你心目中的理想家庭。

读一读，试一试

1. 对丈夫和妻子来说，可能一个孩子已经足够了。（对……来说）

（1）对作家来说，经常去农村生活一段时间可能是好事儿。

（2）对我来说，_____。

（3）对孩子来说，_____。

（4）_____，建立一种良好的关系非常重要。

2. 难道没有孩子就不稳定吗？（难道……吗）

（1）这种错误都出现100次了，难道是偶然的吗？

（2）老板说得那么清楚，_____？

（3）他是个穷光蛋，_____？

（4）_____，难道你真的不知道吗？

课文二　无理由离婚时代

生 词　09

1. 不合	bùhé	（形）	not get along well; on bad terms
2. 外遇	wàiyù	（名）	extramarital relations
3. 吹毛求疵	chuī máo qiú cī	（成）	find fault
4. 翘	qiào	（动）	(of one end) turn or bend upwards
5. 茶几	chájī	（名）	tea table
6. 馒头	mántou	（名）	steamed bun
7. 钻石	zuànshí	（名）	diamond
8. 卿卿我我	qīng qīng wǒ wǒ	（成）	(of lovers) bill and coo
9. 沉默	chénmò	（形）	silent
10. 枯燥	kūzào	（形）	uninteresting
11. 彼此	bǐcǐ	（代）	each other

12. 透明	tòumíng	（形）	transparent; easy to understand
13. 腻	nì	（形）	fed up with; bored with

课 文 🔟

性格不合或是对方有了外遇，往往成为离婚的理由。然而，有资料显示，近来有1/5的办理离婚手续者，没有任何理由。离婚，真的可以无理由吗？请听听心理专家和三个离婚者的对话。

心理专家：能说说你当初离婚的理由吗？

离婚者A：没有理由。恋爱时我们曾经爱得死去活来，后来因为工作的关系，我们在一起的时间越来越少。更可怕的是，我变得越来越吹毛求疵。他看电视的时候把腿翘在茶几上，我会骂他；他吃饭的时候，拿起一个馒头又放下，我会说"你想找钻石啊"；他看报纸的时候腿不停地抖，我说"你有毛病啊"。

心理专家：你怎么能这么说话呢？

离婚者A：没办法。后来有一天他突然大怒，就分手了。

心理专家：你现在后悔吗？

离婚者B：有什么办法呢？我们结婚八年，从开始时的卿卿我我到后来的吵吵闹闹，再到后来的沉默不语，一切都很自然。每天都是一样的生活，平静、枯燥。我们都感到，二人世界的生活不过如此。终于有一天，我说"我们还是分开过吧"，他同意了。

心理专家：你也是无理由离婚的吗？

离婚者C：其实，说没有理由，那是一个借口，离婚怎么会没有理由呢？我们是大学同学，彼此都非常了解。开始的时候，我们很乐意过二人世界的生活。后来，我们觉得彼此都太透明了，相互间的吸引力渐渐消失了，有时会有腻的感觉。再后来，就友好地分手了，但我们还是朋友，没有形同路人。

（选自网络）

想一想，说一说

1. 请简单说明三个离婚者离婚的理由。

2. 如果你是心理专家，你会对这几个离婚者说什么？

读一读，试一试

1. 性格不合或是对方有了外遇，往往成为离婚的理由。（……或是……）

（1）你去或是她去，你们两个人商量吧。

（2）如果你有问题，_____，都可以。

（3）_____，常常成为学生迟到的理由。

（4）同意或是反对，_____。

2. 后来因为工作的关系，我们在一起的时间越来越少。（因为/由于……的关系）

（1）由于与同事合作不愉快的关系，他被公司炒了鱿鱼（yóuyú, squid）。

（2）因为感冒的关系，_____。

（3）由于孩子的关系，_____。

（4）_____，飞机晚点半个小时。

课文三　婚姻是爱情的坟墓吗

生　词　11

1. 坟墓	fénmù	（名）	grave; tomb
2. 适用	shìyòng	（动）	be suitable; be applicable
3. 背叛	bèipàn	（动）	betray
4. 惧怕	jùpà	（动）	fear
5. 追求	zhuīqiú	（动）	pursue
6. 放弃	fàngqì	（动）	abandon; give up
7. 维持	wéichí	（动）	maintain; keep

8. 体验	tǐyàn	（动）	experience; taste
9. 漫长	màncháng	（形）	(of time) long
10. 瞬间	shùnjiān	（名）	instant
11. 坠	zhuì	（动）	fall
12. 幻想	huànxiǎng	（名）	imagination

课 文 🔢 💿 🖊

> "婚姻是爱情的坟墓"这句话对现代年轻人来说，似乎已经不那么适用了。21世纪的今天，一些新的婚姻形式正在你我身边产生……

试验式婚姻 又叫试婚。男女双方背叛传统，不惧怕别人的冷眼。他们不要结婚证书，但相信爱情，追求感情生活的质量。双方觉得合适就生活在一起，不合适就分开，非常自由。

丁克式婚姻 即丁克家族。男女双方放弃用孩子来维持夫妻关系，充分体验二人世界的乐趣。他们认为，爱情、性、共同的精神追求是婚姻的基础。没有孩子，婚姻生活质量更高。

周末式婚姻 即周末夫妻。男女双方领了结婚证，法律上是夫妻，但从周一到周五的工作日，各自住自己的房子，过单身生活，只是周末才住在一起。

分账式婚姻 即AA制婚姻。在夫妻双方看来，安全感永远不会来自精神方面，他们需要用物质建立稳定的生活和内心的安全感。这种婚姻形式中，双方经济独立，都清楚地知道自己的收入和支出，不必为婚变担心。

闪电式婚姻 即闪婚。从相识到相知，真的需要一个漫长的过程吗？在闪婚族看来，婚姻只需要一个瞬间。在这个信息发达的社会，3秒钟坠入爱河已不再是幻想。

同性式婚姻 即同性恋婚姻。这种"同志"式的婚姻模式在荷兰、比利时、加拿大、英国等国家已经合法化，在中国虽然还没立法，但同性同居却已经在悄悄进行。对他们来说，另一半是男的还是女的已经不重要了，重要的是爱情。

（选自网络）

想一想，说一说

请说说以下婚姻形式的利和弊。

1. 试验式婚姻 _____

2. 丁克式婚姻 _____

3. 周末式婚姻 _____

4. 分账式婚姻 _____

5. 闪电式婚姻 _____

6. 同性式婚姻 _____

读一读，试一试

1. 男女双方领了结婚证，法律上是夫妻，但只是周末才住在一起。（……上）

（1）思想上的事儿，有时很难说清楚。

（2）无论是_____，还是_____，他对我的帮助都很大。

（3）生活上有困难，_____。

（4）这篇小说修改以后，_____，但内容变化了很多。

2. 在夫妻双方看来，安全感永远不会来自精神方面。（在……看来）

（1）在理想主义者看来，传统式婚姻是最好的选择。

（2）在律师看来，_____。

（3）_____，这件事儿没什么大不了的。

（4）在一般人看来，_____。

词语练习

一、模仿例子说出更多的词语。

例：幻想： __梦想__ __空想__ __回想__

1. 构成： _____ _____ _____

2. 溺爱： _____ _____ _____

3. 惧怕： _____ _____ _____

4. 维持： _____ _____ _____

二、选择词语填空。

吹毛求疵　　模式　　坠　　溺爱　　预测

1. 什么时候会发生地震？科学家还不能准确（　　　　　）。

2. 他们俩才认识三天，就双双（　　　　　）入爱河，真是不可思议。

3. 父母没有不爱自己的孩子的，但一定不能（　　　　　）。

4. 经过十几年的发展，公司已经形成了科学的发展（　　　　　）。

5. 朋友之间不能（　　　　　），看到缺点的同时，更应该看到彼此的优点。

三、根据拼音写汉字，然后读一读，并说说这些词语的意思。

1. 我整天吃这种菜，都吃 nì（　　　　　）了，今天能不能换换花样？

2. "一日不见，如隔三秋"的意思是说，感觉时间太 màncháng（　　　　　）了，一天不见面就好像过了三年一样。

3. 他在教室里把腿 qiào（　　　　　）在桌子上看书，真是不雅，很多人都在看他。

4. 有你这句话就 zúgòu（　　　　　）了，谢谢！

5. 为了写作，一些作家经常到农村去 tǐyàn（　　　　　）生活。

实用
招牌句

1. 这要看怎么说。
2. 为什么这么说呢?
3. 我也有同感。(我也是这么想的。)
4. 那倒不是。
5. 有什么办法呢?

☞ 大声读,背下来!

用一用,练一练

1. A:虽然我选择的专业是语言学,不过,说实话,我不是很喜欢这个专业。

   B:_____? 你也可以不选这个啊。

2. A:你觉得丁克族自私吗?

   B:_____,对他们自己当然没什么,但如果大家都不要孩子,以后谁为社会工作啊?

3. A:你们为什么非得举办这么大的婚礼呢? 多累啊。

   B:_____? 双方的父母都坚持这样做。

4. A:你是不是也觉得"无理由离婚"是合理的?

   B:_____,我只是觉得,表面上看好像的确没有理由,其实还是有理由的。

5. A:我觉得还是传统式婚姻比较好,"嫁鸡随鸡,嫁狗随狗",不是也很浪漫吗?

   B:_____,那些另类婚姻模式,真让人想不明白。

功能项目练习

4. 推论

例:看来,你以后会选择三口之家了?

看来，……；看样子，……；由此可见，……；这样一来，……

（1）大卫看见天上有很多乌云，好像马上要下雨了。他会怎么说？

大卫： _____，我们带上雨伞吧。

（2）王楠说："买东西不能只图便宜，售后服务的质量也很重要。"大卫会怎么说？

大卫： _____，买东西就得买品牌的，品牌讲究的就是服务。

（3）大卫说："马上要实行上网实名制了。"王楠会怎么说？

王楠： _____，谁还敢在网上发帖子（tiězi, posts）啊？

5. 表示无奈、没有办法（1）

例：没办法。后来有一天他突然大怒，就分手了。

没办法；有什么办法呢；现在说什么也晚了；不得已

（1）大卫问一个中学生："既然你不想参加夏令营，为什么还要去呢？"

中学生： _____？爸爸和妈妈一定让我去。

（2）大卫的手机丢了。王楠对大卫说："你打球的时候真不该把手机放地上。"

大卫： _____，下回再打球，一定不带手机了。

（3）大卫问王楠："这些车为什么都停在路边啊？"

王楠： 这也是_____的事儿，不停在路边停哪儿呢？

6. 叙述

例：开始的时候，我们很乐意过二人世界的生活。后来，我们觉得彼此都太透明了，相互间的吸引力渐渐消失了，有时会有腻的感觉。再后来，就友好地分手了。

开始的时候，……，后来，……，再后来，……；……，结果……；
先……，再……，接着……，然后……；本来……后来……

（1）昨天晚上我跑步去车站，想赶个末班车，_____还是没赶上，眼睁睁看着车开走了。

（2）_____我想明天再来，_____越想越觉得不合适，这么重要的事儿一定得尽快当面告诉你。

（3）大卫说，"我给你们讲一个鬼故事。"_____，大家都没觉得怎么样，_____，大家渐渐不笑了，_____，有人就感到害怕了。

7. 选择

例：性格不合或是对方有了外遇，往往成为离婚的理由。

……或是……；或者……或者……；要么……要么……；是……还是……；
与其……不如……

（1）大卫想问王楠什么时候去看电影，他应该怎么问？

大卫：_____？

（2）大卫问王楠什么时候去看电影，王楠怎么回答？

王楠：_____。

（3）花同样的钱，王楠觉得买笔记本电脑比买台式机好，她怎么对大卫说？

王楠：花同样的钱，_____。

交际活动与任务

一　小组讨论。

1. 现在的年轻人结婚越来越晚，而且结婚后只生一个孩子，甚至不要孩子。请两人一组进行讨论，分析一下产生这些现象的原因。

2. 现代人不但结婚要举行仪式，连离婚也要举行仪式了。最近，在某些大城市出现了一种新式酒店——离婚酒店。

（1）对离婚酒店，你怎么看？

（2）如果你是离婚酒店的老板，你怎么经营（jīngyíng, manage; run）这家酒店？

二 小组活动。

请使用所给的句式，根据下面的内容设计一段对话，并写出来。

1. 这要看怎么说。
2. 我也有同感。（我也是这么想的。）
3. 那倒不是。
4. 为什么这么说呢？

婚姻仿佛漂亮的鸟笼子，笼子外面的鸟想住进去，笼子里面的鸟想飞出来。

婚姻就像一座围城，城外的人想冲进去，城内的人想跑出来。

甲：我觉得婚姻真的就像一座围城，城外的人想进去，城里的人想出来。

乙：_____

甲：_____

乙：_____

甲：_____

乙：_____

甲：_____

乙：_____

甲：_____

乙：_____

甲：_____

乙：_____

……

自主学习 日积月累

用汉字、拼音或你的母语，记下你觉得最有用的词语、句子、文化知识等。

刷卡消费，享受生活

课文一　请填一下这张表

生词			13
1. 透支	tòuzhī	（动）	overdraw
2. 输	shū	（动）	put into
3. 密码	mìmǎ	（名）	password
4. 窗口	chuāngkǒu	（名）	counter
5. 原件	yuánjiàn	（名）	original copy
6. 复印件	fùyìnjiàn	（名）	duplicate copy
7. 资格	zīgé	（名）	qualifications
8. 财力	cáilì	（名）	financial resources
9. 所得税	suǒdéshuì	（名）	income tax
10. 驾驶证	jiàshǐzhèng	（名）	driving license
11. 附	fù	（动）	attach
12. 询问	xúnwèn	（动）	inquire about

课文　14

前不久，大卫刚刚办了一张银行卡，但他还是觉得不方便，最大的问题是银行卡不能透支，每次都得输密码，所以他想再办张方便的、能透支的信用卡。王楠回家了，这次他只能靠自己了。

（大卫到了银行，从取号机上取了一个号：个人业务 A0075号。然后他和其他人一样，坐在椅子上等着。）

广播：请个人业务A0075号，到3号窗口办理。请个人业务A0075号，到3号窗口办理。

（大卫听到叫自己的号，赶快去了3号窗口。）

职员：您好！请问您要办理什么业务？

大卫：我想办张信用卡。

职员：您是外国人？

大卫：对，我是美国人，我叫大卫。

职员：办信用卡需要提供一些证明材料。护照和护照复印件有吗？

大卫：有，已经复印好了。

职员：有工作证明文件吗？例如，工作证明原件、工作证复印件、资格证书复印件等。

大卫：我是公司职员，有工作证复印件。

职员：此外，还要提供财力证明文件，如收入证明、所得税证明或者汽车驾驶证等的复印件。

大卫：我有公司的收入证明。

职员：好。请填一下这张表。您可以到那张桌子上填表，有问题可以询问我们的服务人员。表填好后，在后面附上所有证明材料，直接找我，不用再排队了。

大卫：好，谢谢！

想一想，说一说

1.大卫为什么想办信用卡？

2.大卫需要提供哪些材料？

读一读，试一试

1. 此外，还要提供财力证明文件。（此外）

（1）办理信用卡需要出示（chūshì, show）护照原件。此外，还得提供复印件。

（2）他一生就写过两部书，_____。

（3）我这次去上海，主要是想看看多年没有见面的姐姐，_____。

（4）_____，此外，别的方言都不会说。

2. 表填好后，在后面附上所有证明材料。（v. + 上）

（1）他回到公司，戴上手套就出去了。

（2）信的地址写好了，_____，寄出去吧。（邮票）

（3）天气预报说今天有雨，_____。（雨伞）

（4）"画蛇添（tiān, add）足"的故事说的是，一个人画完蛇以后，又_____ _____。

课文二 请问，您有会员卡吗

生 词 15

1. 赶	gǎn	（动）	be able to make it
2. 鼓鼓囊囊	gǔgunāngnāng	（形）	(of a pocket or parcel) bulging
3. 收银员	shōuyínyuán	（名）	cashier
4. 享受	xiǎngshòu	（动）	enjoy
5. 健身房	jiànshēnfáng	（名）	gym
6. 实惠	shíhuì	（名、形）	real benefit; material gain; substantial
7. 赠送	zèngsòng	（动）	give as a present; present as a gift
8. 馅饼	xiànbǐng	（名）	baked pie with stuffing
9. 提醒	tíxǐng	（动）	remind

课 文 16

> 大卫在超市买完东西，去超市旁边的星巴克要了一杯咖啡。大卫正要喝咖啡，一抬头，发现王楠也在这里。

大卫：嗨，你什么时候回来的？

王楠：火车晚点，昨天晚上10点多才到。

大卫：好不容易回去一趟，怎么不多待几天？

王楠：谁说不是呢。要不是为了赶论文，我才不这么早回来呢。

（说话的时候，大卫看见王楠的钱包鼓鼓囊囊的。）

大卫：你的钱包里装的什么呀，怎么那么厚啊？

王楠：没办法。没多少钱，全是卡。

大卫：说到卡，刚才收银员问我："请问，您有会员卡吗？"我说没有，她说："对不起，没有会员卡不能享受周末的打折活动。"

王楠：现在不管是商场还是理发店，不管是健身房还是火锅店，只要你消费，收银员可能都会问这句话。于是，钱包里的卡就越来越多了。

大卫：你觉得有了会员卡，真能享受到实惠吗？

王楠：当然。一般的会员卡除了买东西打折，商家还常常在年末赠送礼物或直接返现金。

大卫：真是天上掉馅饼！以后我也办几张会员卡。

王楠：不过有时候也挺麻烦的，出门之前总要不断提醒自己"带卡了吗"。

大卫：这有什么难的？每天都把卡带在身上。

王楠：你想得太简单了。你不觉得现在的卡太多了吗？都带在身上不可能。

大卫：我现在就两张卡，一张银行借记卡，一张信用卡。

王楠：别着急，你的卡会慢慢多起来的。

大卫：我现在就去办会员卡……

王楠：在超市入口处的服务台就能办，你去吧。

大卫：好，你帮我看一下东西。

1. 王楠的卡为什么越来越多了？

2. 请举一个关于"天上掉馅饼"的例子。

1. 好不容易回去一趟，怎么不多待几天？（好不容易）

（1）好不容易睡个懒觉，谁在敲门啊？

（2）我好不容易才找到这本书，＿＿＿＿＿＿＿＿＿。

（3）公司好不容易放了个假，＿＿＿＿＿＿＿＿＿。

（4）＿＿＿＿＿＿＿＿＿，可没说几句话就匆匆（cōngcōng, hurriedly）离开了。

2. 不管是健身房还是火锅店，只要你消费，收银员可能都会问这句话。

（不管……，都/也……）

（1）不管有多少问题，我们都要一一解决。

（2）＿＿＿＿＿＿＿＿＿，你都要打电话告诉我。

（3）＿＿＿＿＿＿＿＿＿，都得遵守这儿的法律。

（4）不管你去还是我去，＿＿＿＿＿＿＿＿＿。

课文三 刷卡消费，享受生活

生 词 17

1. 掏	tāo	（动）	take out
2. 应有尽有	yīng yǒu jìn yǒu	（成）	have everything that one could wish for
3. 烦恼	fánnǎo	（形）	annoyed; bothered
4. 设置	shèzhì	（动）	type (a password into a computer or computer system)
5. 作废	zuòfèi	（动）	become invalid

6. 忽悠	hūyou	（动）	bamboozle; trick somebody into doing something
7. 郁闷	yùmèn	（形）	depressed; gloomy
8. 插	chā	（动）	insert
9. 吞	tūn	（动）	swallow
10. 中圈套	zhòng quāntào		be caught in a trap; play into somebody's hands
圈套	quāntào	（名）	snare; trap

课 文 18

> 现在好像去哪儿都需要卡。去银行要卡，吃饭要卡，购物要卡，进出门也要卡……有人说，我们进入了卡的时代，都成了"卡奴"。

掏出钱包随便数一数，连自己都吃一惊：怎么会有这么多卡？银行卡、信用卡、会员卡、门禁卡、积分卡、加油卡、VIP卡……五颜六色，应有尽有。你不得不承认，我们正在进入卡的时代——刷卡消费，享受生活。

卡一方面给人们的生活带来了方便，但同时也给有卡族带来了烦恼。每个有卡族一般都有N张卡在手，但不管是银行卡、购物卡还是会员卡，都需要提供密码。当初设置密码的时候，为了安全，你肯定不会将所有卡的密码设成一个。可是这个密码那个密码，搞得头都大了。所以，密码设置来设置去，最后很多卡的密码就记不清了。密码忘记了，如果是银行卡，钱就取不出来；如果是商家的卡，这张卡可能就作废了。除了密码问题，有卡族还会碰到别的一些麻烦，下面是两位网友发的帖子：

★ 卡办好了，可没消费多少次，发卡的店关门走人了。这不是忽悠人吗？价值300元的洗车卡，才洗了3次。郁闷！

★ 卡太多了也麻烦。有一次我误把一张积分卡当成了银行卡。我把卡插进取款机，怎么输密码都说不对，后来卡被ATM机吞了。我以为是中了什么圈套，弄得我一晚上都没睡好。第二天，工作人员取出卡一看，原来是超市的积分卡。

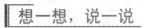
想一想，说一说

1. 说说什么是"卡奴"。

2. 举几个类似"……奴"的例子。

3. 你手里都有哪些卡？

4. 你用卡消费时遇到过麻烦吗？

读一读，试一试

1. 可是这个密码那个密码，搞得头都大了。（这个……那个……）

（1）我看看这个，又看看那个，不知道派谁去更合适。

（2）这个不好，那个太贵，＿＿＿＿＿＿＿＿＿＿＿？

（3）这儿的漂亮衣服真多啊，她看看这件，摸摸那件，＿＿＿＿＿＿＿＿＿＿＿。

（4）＿＿＿＿＿＿＿＿＿＿＿，其实都是你自己的错。（批评）

2. 所以，密码设置来设置去，最后很多卡的密码就记不清了。（……来……去）

（1）她的日记是这样写的：我的生活就像风筝（fēngzheng, kite）似的，在天空中飞来飞去。

（2）他躺在床上翻来覆去（fān lái fù qù, turn from side to side），＿＿＿＿＿＿＿＿。

（3）大卫想来想去，＿＿＿＿＿＿＿＿。

（4）＿＿＿＿＿＿＿＿，终于找到了非典（SARS）的病源。

词语练习

一、模仿例子说出更多的词语。

例：信用卡：　借记卡　　　会员卡　　　洗车卡

1. 所得税：＿＿＿＿＿　＿＿＿＿＿　＿＿＿＿＿

2. 驾驶证：＿＿＿＿＿　＿＿＿＿＿　＿＿＿＿＿

3. 收银员：＿＿＿＿＿　＿＿＿＿＿　＿＿＿＿＿

4. 理发店：＿＿＿＿＿　＿＿＿＿＿　＿＿＿＿＿

二、选择词语填空。

郁闷　　忽悠　　赠送　　资格　　提供　　实惠

1. 那家超市的东西质量好，价格也不高，很（　　　）。

2. 一些银行把业务开到了学校，只要办卡，就有礼品（　　　）。

3. 如果想当医生，首先得通过国家医师（　　　）考试，拿到执业证书。

4. 真倒霉（dǎoméi, out of luck）！今天怎么那么不顺啊！（　　　）！

5. 你被她（　　　）啦！大周末的，她怎么愿意在图书馆看书呢？

6. 记住，要同时（　　　）身份证原件和复印件。

三、根据拼音写汉字，然后读一读，并说说这些词语的意思。

1. 请再次输入 mìmǎ（　　　）。

2. 以后有什么 fánnǎo（　　　）的事儿，就和我说说。

3. 购物券（quàn, voucher）上写着：有效期至9月20日，过期 zuòfèi（　　　）。

4. 明天下午有个讲座，到时互相 tíxǐng（　　　）一下，别忘了。

5. 你到那边填张表，如果有问题，可以 xúnwèn（　　　）我们的工作人员。

实用
招牌句

1. 请问您要办理什么业务？
2. 请填一下这张表。
3. 天上掉馅饼。
4. 这有什么难的？
5. 你想得太简单了。
6. 弄得我一晚上都没睡好。

 大声读，背下来！

用一用，练一练

1. A：昨天晚上，邻居家好像在开晚会，＿＿＿＿＿＿＿＿＿＿＿＿。

   B：你应该去告诉他们，这不是影响别人休息嘛！

2. A：＿＿＿＿＿＿＿＿＿＿＿？

   B：我忘了银行卡的密码，能重新设一个吗？

3. A：您好，我想来贵公司工作，请问有面试的机会吗？

   B：＿＿＿＿＿＿＿＿＿＿，然后等我们的电话吧。

4. A：你看看这道数学题，我想了半天也没想出答案来。

   B：＿＿＿＿＿＿＿＿＿？看我的。

5. A：你相信＿＿＿＿＿＿＿＿＿＿＿？

   B：不信。天下从来就没有免费的午餐。

6. A：毕业后我要在黄金地段开一家酒吧。

   B：＿＿＿＿＿＿＿＿＿＿，你以为开酒吧就能赚钱啊？

功能项目练习

8. 表示排除

例：一般的会员卡除了打折，还会根据你的消费积分，在年末赠送礼物或返现金。

除了……，还……；除此之外；除了……（以外），都……

（1）大卫知道，王楠不但有积分卡、会员卡，还有贵宾卡。大卫应该怎么说？

   大卫：王楠＿＿＿＿＿＿＿＿＿＿＿＿。

（2）大卫：今年我去过上海、西安、杭州等城市，觉得很不错。

   王楠：＿＿＿＿＿＿＿＿＿＿，还去过别的地方吗？

（3）王楠：高级班的留学生都看京剧去了吗？

   大卫：＿＿＿＿＿＿＿＿＿＿＿＿。（就玛丽一个人没去）

9. 说明

例：卡一方面给人们的生活带来了方便，但同时也给有卡族带来了烦恼。

一方面……，但同时……；一方面……，另一方面……；一来……，二来……；
一是……，二是……

（1）请说说网络给人们的生活带来的影响。

_____

（2）请说说很多人选择开车上班的原因。

_____

10. 双重否定

例：你不得不承认，我们正在进入卡的时代——刷卡消费，享受生活。

不得不；不会不；不能不；不是不；没有不；没有一个不

（1）大卫不想出差，但公司领导说一定得去。

大卫_____。

（2）我们家每个人都喜欢喝青岛啤酒。

我们家_____。

（3）大卫对银行职员说："我很想办你们的卡，但我手里的卡实在太多了。"

大卫：我_____，而是我手里的卡太多了，不能再办了。

11. 表示吃惊、奇怪

例：掏出钱包随便数一数，连自己都吃一惊，怎么会有这么多卡？

怎么会；怎么也不明白；不知怎么的；真奇怪

（1）他_____，一顿饭怎么花那么多钱？

（2）_____，人家来推销（tuīxiāo, promote sales），免费送鼠标，你

们为什么不要一个啊？

（3）_____，我们都学会了开车，可他就是学不会。

交际活动与任务

一　小组讨论。

两人一组进行讨论：

1. 请说出你办信用卡的五个理由。

2. 谈谈你对下面这几幅漫画的理解。

二　小组活动。

如果你是银行职员，如何劝说顾客办信用卡？请两人一组进行对话，尽量使用下面的词语，并把对话内容写出来。

时尚　赠送　透支　此外　额度（édù, credit line）　积分　便利　利息　还款
刷卡消费　短信提醒　卡奴　怎么会……呢

职员：＿＿＿＿＿＿＿＿＿＿＿＿＿＿＿＿＿＿＿＿＿＿＿＿＿＿＿

顾客：＿＿＿＿＿＿＿＿＿＿＿＿＿＿＿＿＿＿＿＿＿＿＿＿＿＿＿

职员：＿＿＿＿＿＿＿＿＿＿＿＿＿＿＿＿＿＿＿＿＿＿＿＿＿＿＿

顾客：＿＿＿＿＿＿＿＿＿＿＿＿＿＿＿＿＿＿＿＿＿＿＿＿＿＿＿

职员：_____

顾客：_____

职员：_____

顾客：_____

职员：_____

顾客：_____

自主学习 日积月累

用汉字、拼音或你的母语，记下你觉得最有用的词语、句子、文化知识等。

啃老族：哀其不幸，怒其不争

课文一　啃老族是世界性难题

1. 啃	kěn	（动）	nibble; gnaw
2. 描述	miáoshù	（动）	describe
3. 五官端正	wǔguān duānzhèng		having fine facial features; nice-looking
五官	wǔguān	（名）	the five sense organs (ears, eyes, lips, nose and tongue); facial features
4. 六亲不认	liù qīn bú rèn	（成）	repudiate all of one's relatives — ruthless; ungrateful
5. 任性	rènxìng	（形）	self-willed
6. 逍遥	xiāoyáo	（动）	free and unconstrained
7. 颠覆	diānfù	（动）	undermine
8. 依赖	yīlài	（动）	rely on; depend on
9. 面临	miànlín	（动）	face or confront (an issue, a situation, etc.)
10. 专利	zhuānlì	（名）	patent
11. 景气	jǐngqì	（形）	prosperous; booming
12. 承担	chéngdān	（动）	undertake; shoulder

课文 20

> 社会上有这么一群人，他们被形象地描述为：一直无业，二老啃光，三餐饱食，四肢无力，五官端正，六亲不认，七分任性，八方逍遥，九（久）坐不动，十分无用。

新加坡《联合早报》6月24日发表文章指出，调查显示，中国有65%以上的家庭存在"老养小"的现象，三成的成年人基本依靠父母生活。文章还说，中国"养儿防老[①]"这一传统观念，正在被这组数字颠覆。

这些依靠父母生活的人，就是"衣来伸手，饭来张口[②]"、依赖父母的"啃老族"。有分析指出，工作难找，房子难买，以及各种心理问题，让年轻人面临巨大的压力，最后失去信心，成为啃老族。

值得注意的是，被称为"啃老族"的这个群体并不是中国的专利，而是存在于世界上的很多国家。由于全球经济的不景气，这种生活完全依赖父母、不愿意承担责任的年轻人，数量一直在不断增加。啃老族的存在对老人是非常不公平的，对社会也会产生很多不利影响。难怪有学者指出，啃老族已成为全球性的社会现象和道德难题。

想一想，说一说

1. "啃老族"产生的原因是什么？

2. 你们国家有"啃老族"吗？

读一读，试一试

1. 这个群体并不是中国的专利，而是存在于世界上的很多国家。（不是……而是……）

（1）世界上不是没有世外桃源[③]，而是你没有找到。

（2）他不是不想回球队踢球，_____。

（3）"啃老族"产生的原因，不是学校教育，_____。

（4）原来，这里_____，而是地狱（dìyù, hell）。

---

① 养儿防老（yǎng ér fáng lǎo）：raise children against old age

② 衣来伸手，饭来张口（yī lái shēn shǒu, fàn lái zhāng kǒu）：live on the labor of others

③ 世外桃源（shì wài Táoyuán）：place unaffected by the external world; imaginative beautiful world

2. 难怪有学者指出，啃老族已成为全球性的社会现象和道德难题。（难怪）

（1）你每天都迟到吗？难怪以前的公司炒了你的鱿鱼。

（2）＿＿＿＿＿＿＿＿＿＿，原来他的包落（là, lase, leave）在出租车上了。

（3）＿＿＿＿＿＿＿＿＿＿，难怪你那天生那么大的气。

（4）难怪他今天那么高兴，＿＿＿＿＿＿＿＿＿＿。

课文二　这种说法站不住脚

生　词　21

1. 站住脚	zhànzhù jiǎo		(of arguments, etc.) hold water; be valid; be tenable
2. 高薪	gāoxīn	（名）	high salary
3. 符合	fúhé	（动）	accord with; conform to
4. 投资	tóuzī	（动）	invest
5. 培养	péiyǎng	（动）	develop; cultivate
6. 意识	yìshi	（名）	consciousness; mentality
7. 出人头地	chū rén tóu dì	（成）	stand out among one's fellows
8. 期望	qīwàng	（动）	expect

课　文　22

> 大卫准备好明天的功课，看看时间还早，就打开了电脑。大卫发现王楠在MSN上，两个人就随便聊了起来。

王楠：你好，明天不上课吗？

大卫：上啊，上午是语言课，下午是中国传统文化课。

王楠：明天一天的课，你现在还上网？

大卫：没关系，反正都准备好了。哎，最近我看了一篇有趣的文章。

王楠：什么文章？

大卫：是关于啃老族的。你看过这方面的报道吗？

王楠：看过一些。你在研究啃老族？

大卫：谈不上研究，我只是觉得这些人怎么能这样呢？

王楠：是啊，我对啃老族一直是哀其不幸，怒其不争。

大卫：我也觉得没有什么好办法，他们为什么会变得这样呢？

王楠：现在就业难，买房难，年轻人压力太大了。

大卫：不是吧，我觉得你这种说法站不住脚。

王楠：为什么？

大卫：很多啃老族说工作难找是另有原因的，刚刚毕业，就想找一份压力小、高薪、符合自己理想、自由舒服的工作，这不是等着天上掉馅饼吗？

王楠：你是说他们的条件太高了？

大卫：对。另外，房价不合理和"啃老"是两个问题。刚开始工作，就想买一套大房子，这可能吗？

王楠：你说得有点儿道理。

大卫：还有，我觉得啃老族的出现也和中国传统的教育观念有关系。

王楠：这一点我也有同感。很多父母投资教育，目的不是为了培养孩子的独立意识，而是为了让孩子出名。

大卫：这种投资目的，最后造成了年轻人的种种问题：对未来期望太高，太在乎面子，老想着怎么出人头地，工作高不成，低不就[④]。

王楠：你认为是社会环境让很多年轻人成了啃老族？

大卫：对。我们不能动不动就批评啃老族，应该找找家庭、学校、社会等原因。

王楠：说得是。其实，啃老族也很值得同情。

---

④ 高不成，低不就（gāo bù chéng, dī bú jiù）：(oft. used in choosing a job or one's spouse) unfit for a higher post but unwilling to make do with a lower one; be unable to achieve one's heart's desire but unwilling to accept less

想一想，说一说

1. 说说王楠关于啃老族的观点。

2. 总结一下大卫关于啃老族的观点。

读一读，试一试

1. 没关系，反正都准备好了。（反正）

（1）这件事反正和你没有关系，你怎么说都行。

（2）想去你自己去，＿＿＿＿＿＿＿＿＿＿＿＿。

（3）你同情啃老族是你的事儿，＿＿＿＿＿＿＿＿＿＿＿＿。

（4）＿＿＿＿＿＿＿＿＿＿＿＿，你什么时候来都可以。

2. 我们不能动不动就批评啃老族，应该找找家庭、学校、社会等原因。（动不动）

（1）她小时候动不动就哭，没想到现在这么坚强。

（2）遇到问题应该多想想怎么办，＿＿＿＿＿＿＿＿＿＿＿＿。

（3）有话好好说，＿＿＿＿＿＿＿＿＿＿＿＿。

（4）＿＿＿＿＿＿＿＿＿＿＿＿，不要动不动就说"我爱你"。

课文三　戴着有色眼镜看问题

生　词

1. 造成	zàochéng	（动）	cause; bring about
2. 有色眼镜	yǒusè yǎnjìng		(*fig.*) preconceived idea or prejudice that hinders the conception of correct ideas
3. 悲哀	bēi'āi	（形）	sad
4. 完善	wánshàn	（形）	perfect
5. 保障	bǎozhàng	（动）	ensure
6. 体系	tǐxì	（名）	system

7. 指责	zhǐzé	（动）	censure
8. 一无所有	yī wú suǒ yǒu	（成）	have nothing at all; not own a thing in the world
9. 暂时	zànshí	（名）	for the time being
10. 忽视	hūshì	（动）	ignore; overlook; neglect

课 文 24

> 啃老族的出现，是由多种原因造成的，我们不能戴着有色眼镜看问题，简单地说谁是谁非。啃老族问题也引起了一些网友的讨论。

2011/02/20 12:40　福建网友　大爱无痕

　　我想告诉啃老族，你们至少应该去做点儿什么，从最简单的工作做起。走出第一步是最困难的，当你走出这一步以后，你会发现困难没有你想象的那么大。

2011/02/25 09:03　北京网友　无田农民

　　这都是社会环境造成的，是中国今后面临的社会问题。

2011/03/10 14:45　北京网友　天上飘着雨

　　现在的房子太贵了，近三成房奴成了啃老族。现在的房价，父母不帮忙，你买得起房子吗？这是社会的悲哀！

　　和发达国家相比，中国还没有完善的社会保障体系，父母给自己和孩子创造这种保障体系，有什么不可以的？

2011/04/14 19:21　上海网友　东方未明

　　啃老族给全球出了一道难题。

2011/04/20 00:00　陕西网友　黄金时代

　　最好不要戴着有色眼镜看待这个问题。在很大程度上，啃老族的存在是正常的，不要大惊小怪，动不动就批评、指责，如果你年轻时也赶上这样的时代，说不定也和他们一样。

2011/05/05 21:05　　香港网友　Beautiful mind

别怪孩子们"啃老"，都是社会不公平和就业问题造成的。难道他们不想改变命运吗？希望大家少一些指责，别站着说话不腰疼⑤。

2011/06/12 23:07　　香港网友　杏花村

现在年轻人真不容易，如果我有条件，肯定要帮孩子，愿意让他"啃老"。如果家里真的很有钱，一辈子都花不完，就放心去"啃"吧，管别人说什么！

2011/06/15 13:13　　山东网友　一无所有

刚走出学校的我们，几乎什么都没有，我们不依靠父母依靠谁呢？我们这一代并不是啃老族！依靠父母只是暂时的。

2011/06/23 15:40　　天津网友　路漫漫

我们这一代，父母望子成龙，望女成凤⑥，他们只是让我们拼命地读书，却忽视了我们的独立能力。学校只教给我们知识，并没有教我们怎么生活。

2011/06/28 17:30　　山东网友　Kong Meng

人无远虑，必有近忧⑦。一个人整天过着衣来伸手、饭来张口的生活，会渐渐失去生活信心的。

（选自网络）

想一想，说一说

1. 选择一位网友的意见，评论一下。
2. 给这位网友回一个帖子。

---

⑤ 站着说话不腰疼（zhànzhe shuōhuà bù yāo téng）：Nothing is easier than fault-finding.

⑥ 望子成龙，望女成凤（wàng zǐ chéng lóng, wàng nǚ chéng fèng）：hope one's son/daughter succeed when he/she grows up

⑦ 人无远虑，必有近忧（rén wú yuánlù, bì yǒu jìn yōu）：People who do not see far ahead will inevitably have worries near at hand.

读一读，试一试

1. 和发达国家相比，中国还没有完善的社会保障体系。（和……相比）

（1）和发展中国家相比，发达国家的城乡差别比较小。

（2）和上次相比，_____。

（3）和去年相比，_____。

（4）_____，我的汉语说得更流利。

2. 在很大程度上，啃老族的存在是正常的。（在……程度上）

（1）性格能在多大程度上影响一个人的发展？

（2）啃老族问题，_____，是一个世界性难题。

（3）他的所作所为_____影响了身边的人，大家渐渐不再提这件不愉快的事了。

（4）一个国家的教育情况，在一定程度上，_____。

词语练习

一、模仿例子说出更多的词语。

例：署名： __签名__ 　　 __除名__ 　　 __点名__

1. 暂时： _____ 　 _____ 　 _____

2. 腰疼： _____ 　 _____ 　 _____

3. 期望： _____ 　 _____ 　 _____

4. 承担： _____ 　 _____ 　 _____

5. 高薪： _____ 　 _____ 　 _____

二、选择词语填空。

忽视　　悲哀　　五官端正　　景气　　造成

1. 本公司招聘前台服务员，要求：（　　　　），精通电脑，有责任心。

2. 由于经济不（　　　　），大学生就业面临的压力越来越大。

3. 有研究者指出，啃老族是社会的（　　　　），政府、社会、家庭都有责任。

4. 大多数近视都是不良的用眼习惯（　　　　）的，并不是天生的。

5. 在这些因素中，心理因素很重要，是不能（　　　　）的。

三、根据拼音写汉字，然后读一读，并说说这些词语的意思。

1. 困难是 zànshí（　　　）的，坚持就是胜利。

2. 这次流行感冒是由天气反常 yǐnqǐ（　　　）的。

3. 一切只能靠自己，不能完全 yīlài（　　　）别人。

4. 我们应该 péiyǎng（　　　）孩子从小就养成自己的事情自己做的习惯。

5. 你不能总是那么 rènxìng（　　　），该多听听别人的意见。

实用
招牌句

1. 哀其不幸，怒其不争。
2. 值得注意的是，……
3. 这种说法站不住脚。
4. 高不成，低不就。
5. 戴着有色眼镜看问题。
6. 站着说话不腰疼。

大声读，背下来！

用一用，练一练

1. A：现在很多女孩子找男朋友，好的找不着，差点儿的又看不上。

   B：不错，结果最后＿＿＿＿＿＿＿＿＿＿，找来找去，成了"剩女"。

2. A：听说，张艺谋导演最近又拍了一部电影。

   B：不过，＿＿＿＿＿＿＿＿＿＿，大家好像都不怎么看好。

3. A：我对啃老族向来是＿＿＿＿＿＿＿＿＿＿。

   B：其实，他们也挺可怜的，很值得同情。

4. A：年轻人上大学后，应该自己去挣钱，不要动不动就跟父母要。

   B：＿＿＿＿＿＿＿＿＿＿，难道你当初没跟家里要过钱吗？

5. A：“衣来伸手，饭来张口”的习惯，都是父母造成的。

    B：我觉得＿＿＿＿＿＿＿＿＿＿＿＿，年轻人自己不努力才是最重要的原因。

6. A：刚参加工作的人，肯定经验不足，还是让老王去吧。

    B：我们最好不要＿＿＿＿＿＿＿＿＿＿＿＿，年轻人未必做不好。

功能项目练习

12. 转告、转述

例：调查显示，中国有65%以上的家庭存在“老养小”的现象，三成的成年人基本依靠父母生活。

调查显示；听说/据说；据调查/报道；有……指出；据……的消息

（1）有人说，最近房子的价格要降了。大卫把这个消息告诉王楠。

    大卫：王楠，＿＿＿＿＿＿＿＿＿＿＿＿＿＿＿＿＿＿＿＿，准备买吧。

（2）报纸上有文章说，啃老族的问题没有大家想象的那么严重。大卫告诉王楠。

    大卫：＿＿＿＿＿＿＿＿＿＿＿＿＿＿＿＿＿＿＿＿＿。

（3）互联网上有一个消息：最近南方将有大到暴雨。大卫告诉王楠。

    大卫：＿＿＿＿＿＿＿＿＿＿＿＿＿＿＿＿＿＿＿＿＿。

13. 批评

例：谈不上研究，我只是觉得这些人怎么能这样呢？

怎么能这样呢；这样做对得起……吗；这未免太……了

（1）有一个学生扔了一个香蕉皮在路上，王楠批评他。

    王楠：＿＿＿＿＿＿＿＿＿＿＿＿＿＿＿＿＿＿。

（2）大卫说了一件事儿，王楠觉得不可能发生这种事儿。王楠批评大卫撒谎。

    王楠：＿＿＿＿＿＿＿＿＿＿＿＿＿＿＿。（离谱儿（lípǔr, be out of place)）

（3）学生A的学费都是姐姐给的，但学生A不好好读书，花钱大手大脚。王楠批评他。

    王楠：＿＿＿＿＿＿＿＿＿＿＿＿＿＿＿＿＿＿。

14. 表示同情

例：其实，啃老族也很值得同情。

很值得同情；真让人同情；真可怜；太可怜了；为（某人）难过

（1）看到路上的乞丐，大卫觉得他们很可怜。

大卫：_____。

（2）王楠的弟弟高考就差1分，结果没被录取。王楠觉得很难过。

王楠：_____。

15. 表示反对、不赞成

例：不是吧，我觉得你这种说法站不住脚。

这种说法站不住脚；这种说法有问题；我不同意；不见得；我不这么认为；站着说话不腰疼

（1）王楠说"失败是成功之母"。大卫不同意。

大卫：_____。

（2）王楠说，有报道说，睡懒觉的人大部分都很聪明。大卫不同意这个看法。

大卫：_____。

（3）王楠说，在大城市找工作难，可以去小城市。大卫非常不同意。

大卫：_____，如果你没有工作的话，就不会这么说了。

交际活动与任务

■ 小组讨论。

两人一组进行讨论：

1. 啃老族对社会有哪些不利影响？

2. 你认为解决"啃老族"问题，需要哪些方面共同努力？有哪些办法？

二 小组活动。

设想心理学家和啃老族的对话。分析一下啃老族的心理世界，和他们谈一谈，让他们独立，不要再依赖父母。请两人一组进行对话，并把对话内容写出来。

提示：1. 作为啃老族，面对批评，你会提出哪些问题？

2. 面对啃老族，你会问哪些问题？

3. 注意使用下面的常用表达：

哀其不幸，怒其不争　　这种说法站不住脚　　高不成，低不就

戴着有色眼镜看问题　　站着说话不腰疼

心理学家： 社会上对你们的批评很多，称你们是"啃老族"，能说说你的看法吗？

啃 老 族： _____

心理学家： _____

啃 老 族： _____

心理学家： _____

啃 老 族： _____

心理学家： _____

啃 老 族： _____

心理学家： _____

啃 老 族： _____

心理学家： _____

啃 老 族： _____

心理学家： _____

啃 老 族： _____

自主学习　日积月累

用汉字、拼音或你的母语，记下你觉得最有用的词语、句子、文化知识等。

的哥，辛苦了

课文一 现在没心思聊天儿了

1. 博物馆	bówùguǎn	（名）	museum
2. 报刊亭	bàokāntíng	（名）	newsstand
3. 评论员	pínglùnyuán	（名）	commentator
4. 乘客	chéngkè	（名）	passenger
5. 侃	kǎn	（动）	chat idly; gossip
6. 褪色	tuìsè	（动）	fade; gradually become lighter in color
7. 忙碌	mánglù	（形）	busy
8. 心思	xīnsi	（名）	mood; state of mind
9. 押金	yājīn	（名）	cash pledge; deposit
10. 保证金	bǎozhèngjīn	（名）	payment to guarantee the performance of certain obligations
11. 罚单	fádān	（名）	notice for payment of fine
12. 哎哟	āiyō	（叹）	*expressing surprise or disapproval*

课　文 26

大卫从博物馆出来，外面下起了雨。他没带雨伞，打算打车回去。大卫在一家报刊亭里等了很久，总算打到了一辆车。下面是大卫和出租车司机的一段对话。

司机：您好。您去哪儿？

大卫：你好。去华星家园小区。今天车真难打，等了半个多小时。

司机：现在正是下班高峰，又赶上下雨，路上的人都在找出租车。

大卫：现在，应该是出租车司机最高兴的时候。

司机：呵呵，高兴是暂时的。

大卫：我来北京之前看过一篇文章，说北京的的哥都是"政治评论员"，特别喜欢和乘客侃，有这回事儿吗？

司机：有是有，可那差不多是二十年前的事儿了，现在有人称我们是"褪色的政治评论员"。

大卫：为什么"褪色"了？是不喜欢关于政治的话题了吗？

司机：那倒不是，主要是现在没心思聊天儿了。

大卫：是没心情聊天儿吗？

司机：如果乘客喜欢聊，当然也能聊。现在出租行业不好干，整天为生活忙碌，哪有心思聊天儿？

大卫：你觉得你现在的生活不如以前好吗？

司机：对。上世纪八九十年代是出租行业的黄金时期，那时出租车司机是有钱人。说句玩笑话，那时连空姐都想和我们结婚呢。

大卫：真不错。怪不得你说是黄金时期。

司机：但现在完全变了。除了要交押金、保证金等各种各样的费和汽油钱，辛辛苦苦一个月，最后也赚不到几个钱，哪有心思再去当政治评论员啊！

大卫：嘿，真不容易。

司机：还有，北京的街道那么多，万一不小心走错了，乘客能高兴吗？万一
乘客不高兴，一个电话打到公司，麻烦了……

大卫：如果是我，我可记不住。

司机：记不住也得记。此外，有时候不小心，还得吃警察的罚单。

大卫：哎哟，这个工作可太辛苦了。

司机：好，到了，给您停哪儿？

大卫：就停在前边小区的门口吧。谢谢！

| 想一想，说一说

1. 司机为什么说他们成了"褪色的政治评论员"？

2. 说说你对"黄金时期"的理解。

3. 说说出租车司机一天的生活。

| 读一读，试一试

1. 你觉得你现在的生活不如以前好吗？（不如）

（1）对她来说，最近所有高兴的事都不如收到爸爸寄来的生日礼物。

（2）以前的比赛你们赢多输少，＿＿＿＿＿＿＿＿＿＿＿＿＿＿＿。

（3）他的乒乓球水平那么高，＿＿＿＿＿＿＿＿＿＿＿＿＿＿＿。

（4）论水平，＿＿＿＿＿＿＿＿＿＿＿；论信心，我比他强得多。

2. 万一不小心走错了，乘客能高兴吗？（万一）

（1）万一我来不了，你们就让王先生主持这个会议。

（2）＿＿＿＿＿＿＿＿＿＿，万一忘了可就麻烦了。

（3）你老说喝一点儿啤酒开车没事儿，＿＿＿＿＿＿＿＿＿＿？

（4）我们买张地图吧，＿＿＿＿＿＿＿＿＿，我们就拿出来看看。

课文二　这样开车太危险了

生　词　27

1. 现场	xiànchǎng	（名）	spot; site
2. 饮料	yǐnliào	（名）	beverage; drink
3. 摇滚	yáogǔn	（名）	rock and roll; rock (music)
4. 出场	chūchǎng	（动）	come on stage to perform
5. 打鼓	dǎgǔ	（动）	(fig.) feel uncertain (or nervous)
6. 车道	chēdào	（名）	traffic lane
7. 并线	bìngxiàn	（动）	change traffic lane
8. 特殊	tèshū	（形）	special; exceptional

课　文　28

> 周末，王楠和大卫去酒吧听现场音乐会。路上出租车开得很快，大卫坐在车上比较担心。到酒吧后，他们要了啤酒和饮料，说起乘出租车这件事。

大卫：不知道今天谁来唱歌？

王楠：上周说是摇滚音乐会，出场的全是新人。

大卫：对了，刚才这个司机车开得太快了。

王楠：不算快啊，反正路上没什么车。

大卫：还不算快啊，我偷偷地看了看，都到每小时80公里了。我心里直打鼓！

王楠：看把你吓得！怪不得后来一句话都不说了。

大卫：那倒不是，主要是不习惯。他本来在这个车道上开得好好的，忽然开到旁边的车道上去了。万一发生事故怎么办呢？

王楠：这叫并线，是正常超车。

大卫：可是一会儿他又开回原来的车道，一路上总是这么并来并去。这样开
车太危险了。

王楠：以前有个学生说，在他们国家一辆车跑一个车道，没有特殊情况，司
机不会随便并线。

大卫：我觉得这是对的，如果很多车辆并来并去，多让人担心啊。

王楠：但这可能也是一种习惯，就像有些国家和地区，开车必须靠左边。

大卫：随便并线和开车靠左边还是靠右边，那是两回事儿。

王楠：可是话又说回来，路上没什么车，司机却慢慢开，乘客会满意吗？

大卫：慢就慢点儿吧，只要不出事儿就行。

王楠：好，我们不说这个了，演出就要开始了。

| 想一想，说一说

1. 在你们国家，司机开车常常并线吗？

2. 中国的交通哪些方面让你觉得不习惯？你觉得有必要作哪些改善？

| 读一读，试一试

1. 看把你吓得！怪不得后来一句话都不说了。（看/瞧把……得）

　（1）有两个公司都要和他签约，看把他高兴得！

　（2）_____！不就是决定去还是不去吗？（愁）

　（3）瞧把老板气得！_____。

　（4）_____！简直想把奖杯抱在自己怀里。（美慕）

2. 慢就慢点儿吧，只要不出事儿就行。（A（点儿）就A点儿吧）

　（1）文章长就长点儿吧，已经来不及修改了。

　（2）_____，这次不买，下次来可能就没了。（贵）

　（3）座位靠后点儿就靠后点儿吧，_____。

　（4）_____，总比小了不能穿好。（大）

课文三 酒后驾车是全球公敌

生 词 29

1. 不言而喻	bù yán ér yù	（成）	self-evident
2. 执照	zhízhào	（名）	license
3. 具备	jùbèi	（动）	possess; have; be provided with
4. 财产	cáichǎn	（名）	property
5. 严厉	yánlì	（形）	severe
6. 处罚	chǔfá	（动）	punish somebody for a wrongdoing or crime; penalize
7. 儿戏	érxì	（名）	trifling matter
8. 鉴于	jiànyú	（介）	considering that; in view of; seeing that
9. 吊销	diàoxiāo	（动）	revoke; withdraw (an issued certificate)
10. 有效	yǒuxiào	（动）	effective

课 文 30

> 酒后开车的危险性是不言而喻的。解决酒后驾车问题，需要更严厉的法律。

汽车是一种方便的交通工具，但同时也会带来危险。开车需要专门学习，拿到驾驶执照，具备驾驶资格，而且必须遵守交通规则。来自交通部门的一份调查显示，开车技术不高、不遵守交通规则、随便并线、酒后开车等，都是造成交通事故的重要因素。而来自世界卫生组织（WHO）的报告说，全球50%至60%的交通事故都与酒后驾驶有关，酒后驾车已经成为交通事故的首要原因。

有人指出，当酒成为我们放松身心的消费品，而汽车成为不可缺少的交通工具时，酒后驾车就会变成"马路杀手①"。人们普遍认为，酒后驾驶会给生

---

① 马路杀手（mǎlù shāshǒu）：road-killer

命和财产带来巨大危险，只有严厉的处罚才能有效防止醉酒驾驶，否则人们只会把较轻的处罚当儿戏。鉴于此，世界上各个国家都对酒后驾车作出了严格的规定，轻的罚款，重的吊销驾驶执照。然而一个奇怪的现象是：虽然大家都认为，酒后驾车是全球公敌，会造成严重的交通事故，但人们并没有有效的手段来减少酒后驾车事件的发生。

想一想，说一说

1. 在你们国家取得驾驶执照需要什么条件？

2. 取得驾驶执照的人一定能开车吗？

3. 为什么说酒后驾车是全球公敌？

4. 你觉得应该如何防止酒后驾车？

读一读，试一试

1. 只有严厉的处罚才能有效防止醉酒驾驶，否则人们只会把较轻的处罚当儿戏。（否则）

（1）我们赶快出发吧，否则就要错过最后一班车了。

（2）想学游泳，你就得亲自跳下去试试，＿＿＿＿＿＿＿？

（3）大卫一定有什么急事儿找你，＿＿＿＿＿＿＿。

（4）＿＿＿＿＿＿＿，否则王楠可能会一直在那儿等我们。

2. 酒后驾驶会给生命和财产带来巨大危险。鉴于此，世界上各个国家都对酒后驾车作出了严格的规定。（鉴于此）

（1）最近，有很多业主到场询问如何做开放式厨房。鉴于此，我在这里把如何做开放式厨房及注意事项贴出来，供大家参考。

（2）这家商店的东西确实比较贵。鉴于此，＿＿＿＿＿＿＿。

（3）＿＿＿＿＿＿＿。鉴于此，我们还是买上午的机票比较合适。

（4）虽然我很喜欢这个游戏，但装到机器上以后，我的电脑动不动就死机。＿＿＿＿＿＿＿＿＿＿＿＿＿。

词语练习

一、模仿例子说出更多的词语。

例：报刊亭： ___书亭___ ___凉亭___ ___电话亭___

1. 乘客： _____ _____ _____

2. 严厉： _____ _____ _____

3. 出场： _____ _____ _____

4. 博物馆： _____ _____ _____

5. 保证金： _____ _____ _____

二、选择词语填空。

罚单　　心思　　吊销　　褪色

1. 如果酒后开车，发现后立刻（　　）驾驶执照，以后再也不许开车，问题肯定就解决了！

2. 这件衣服是五年前买的，都（　　）了。

3. 由于车速太快，他吃了警察的一张（　　）。

4. 我最近刚找到一份新工作，每天忙得要死，哪有（　　）再去酒吧喝酒聊天儿？

三、根据拼音写汉字，然后读一读，并说说这些词语的意思。

1. 在 tèshū（　　）情况下，比如前面的车出了问题，后面的车可以并线。

2. 演唱会 xiànchǎng（　　）十分火暴，很多歌迷都哭了。

3. 开车前就喝了一杯啤酒，结果被吊销了驾驶执照，chǔfá（　　）是不是太重了？

4. 这种 yǐnliào（　　）太甜了，我不喜欢喝。

实用

招牌句

1. 有这回事儿吗？（有这事儿吗？/有这么回事儿吗？）

2. 哪有心思聊天儿？

3. 给您停哪儿？

4. 这样开车太危险了。

5. 那是两回事儿。

6. （可是/不过）话又说回来，……

大声读，背下来！

用一用，练一练

1. A：大卫，你来我这儿，我们聊聊？

   B：明天就考试了，我现在＿＿＿＿＿＿＿＿＿？

2. A：到了，＿＿＿＿＿＿＿＿＿？

   B：停在前边的路口吧，再往前不让停车。

3. A：你那么喜欢她，为什么不赶快和她结婚呢？

   B：哎呀，喜欢和结婚不一样，＿＿＿＿＿＿＿＿＿。

4. A：没办法，有时不得不一边开车一边接电话。

   B：＿＿＿＿＿＿＿＿＿，开车时最好不要接听电话。

5. A：听说，上周末你在酒吧喝醉了，＿＿＿＿＿＿＿＿＿？

   B：谁说的？像我这种海量，什么时候喝醉过？

6. A：对弟弟举办画展的事儿，她一直都比较上心（shàngxīn, set one's heart on something）。

   B：她真是太关心弟弟了。＿＿＿＿＿＿＿＿＿，这也是做姐姐的应该做的。

功能项目练习

16. 表示无奈、没有办法（2）

例：（北京的街道那么多，）记不住也得记。

不A也得A；不A不行啊；不能不……啊；A也得A，不A也得A

（1）大卫问出租车司机："这么多街道，你记得住吗？"

司机：_____，这是我的工作。

（2）大卫问一个中学生："你为什么那么努力学习啊？不累吗？"

中学生：_____，竞争太激烈了。

17. 改变话题

例：……，对了，刚才这个司机车开得太快了。

对了，……；还有一件事我忘记了；这事儿一会儿再说，我们先谈谈……；

唉，不要扯得太远

（1）大卫和王楠在聊天儿，大卫突然想起一件事，想问王楠参加不参加演讲比赛。

大卫：_____，这次的演讲比赛你参加吗？

（2）大卫和王楠在商量明天什么时候出发。两人突然想起交论文的事儿。

王楠：_____。

（3）大卫和王楠在谈食品安全问题，可大卫老说哪家饭馆的饭菜比较好吃。王楠让他注意。

王楠：_____，我们今天就说食品安全，不说别的。

18. 表示担心

例：我偷偷地看了看，都到每小时80公里了，心里直打鼓！

心里直打鼓；心都跳到嗓子眼儿了；怎么办呢；要是……怎么办；我怕（发生某事）

（1）没买上火车票，大卫很担心。

大卫（心想）：_____，要不坐汽车走？

（2）大卫担心去晚了就买不着月饼了，想告诉王楠赶快出发。

大卫：我们出发吧，_____。

（3）大卫看了一场杂技表演，回来后告诉王楠他当时非常担心杂技演员的安全。

大卫：_____。

19. 表示不在乎

例：只有严厉的处罚才能有效防止醉酒驾驶，否则人们只会把较轻的处罚当儿戏。

把……当儿戏；无所谓；A就A吧，……；怎么……都行

（1）大卫认为，有些学生对考试不在乎。他告诉王楠。

大卫：我觉得有些学生_____。

（2）大卫想让王楠陪他去办银行卡，可王楠不去。大卫心想，没关系，我自己肯定也能办。

大卫（心想）：_____，我一个人去正好可以试试我的汉语水平。

（3）大卫对王楠说："明天去动物园，我们班打车去，你们班呢？"王楠不在乎怎么去。

王楠：_____，反正不是太远。

交际活动与任务

一 小组讨论。

两人一组进行讨论：你通常喜欢选择哪种交通方式？说说不同交通方式的利弊。

二 小组活动。

罚款是解决交通问题最好的办法吗？请设计一段警察和司机的对话，尽量使用给出的词语或结构。两人一组进行对话，并把对话内容写出来。

这样开车太危险了　那是两回事儿　（可是/不过）话又说回来　酒后驾车　闯红灯
超速　摄像头　行人　并线　驾驶执照　斑马线　否则　把……当儿戏
不A不行啊　没办法

警察：＿＿＿＿＿＿＿＿＿＿＿＿＿＿＿＿＿＿＿＿＿＿＿＿＿

司机：＿＿＿＿＿＿＿＿＿＿＿＿＿＿＿＿＿＿＿＿＿＿＿＿＿

警察：＿＿＿＿＿＿＿＿＿＿＿＿＿＿＿＿＿＿＿＿＿＿＿＿＿

司机：＿＿＿＿＿＿＿＿＿＿＿＿＿＿＿＿＿＿＿＿＿＿＿＿＿

警察：＿＿＿＿＿＿＿＿＿＿＿＿＿＿＿＿＿＿＿＿＿＿＿＿＿

司机：＿＿＿＿＿＿＿＿＿＿＿＿＿＿＿＿＿＿＿＿＿＿＿＿＿

警察：＿＿＿＿＿＿＿＿＿＿＿＿＿＿＿＿＿＿＿＿＿＿＿＿＿

司机：＿＿＿＿＿＿＿＿＿＿＿＿＿＿＿＿＿＿＿＿＿＿＿＿＿

警察：＿＿＿＿＿＿＿＿＿＿＿＿＿＿＿＿＿＿＿＿＿＿＿＿＿

司机：＿＿＿＿＿＿＿＿＿＿＿＿＿＿＿＿＿＿＿＿＿＿＿＿＿

警察：＿＿＿＿＿＿＿＿＿＿＿＿＿＿＿＿＿＿＿＿＿＿＿＿＿

司机：＿＿＿＿＿＿＿＿＿＿＿＿＿＿＿＿＿＿＿＿＿＿＿＿＿

三　调查。

调查你所在城市出租车司机的生活状况，并向全班同学介绍调查结果。

提示：1. 设计5~7个你最想问的问题。

　　　2. 全面了解出租车司机的生活状况。

自主学习　　　日积月累

用汉字、拼音或你的母语，记下你觉得最有用的词语、句子、文化知识等。

6 月亮代表我的心

课文一　生活中不能没有音乐

1. 哲学家	zhéxuéjiā	（名）	philosopher
2. 传颂	chuánsòng	（动）	pass from mouth to mouth
3. 堪称	kānchēng	（动）	may/can be called; may/can be known as
4. 经典	jīngdiǎn	（名、形）	classic; classical
5. 温馨	wēnxīn	（形）	warm; pleasant and sweet
6. 无可争议	wú kě zhēngyì		undisputed
7. 摇篮曲	yáolánqǔ	（名）	lullaby
8. 伴侣	bànlǚ	（名）	companion; partner
9. 手舞足蹈	shǒu wǔ zú dǎo	（成）	(of somebody at a moment of ecstasy) dance for joy
10. 婴儿	yīng'ér	（名）	baby; infant
11. 流浪	liúlàng	（动）	wander; roam
12. 灵魂	línghún	（名）	soul

课　文　32

中国思想家孔子①说："夫乐（yuè）者，乐（lè）也；人情之所以不能免也。"
德国哲学家尼采②说："如果没有音乐，生命是没有价值的。"

---

① 孔子（Kǒngzǐ）：(551BC～479BC) Confucius, an ideologist and educationist in the Spring and Autumn Period of China

② 尼采（Nícǎi）：(1844～1900) Friedrich Wilhelm Nietzsche, a German philosopher

《音乐之声》③是一部电影史上传颂最广的长青电影，曾获得最佳影片等五项奥斯卡④大奖，堪称经典中的经典。这部电影之所以能够获得如此大的成功，不仅是因为影片中有趣的故事、活泼的孩子、温馨的人情、天真无邪的笑料，更是因为它有动听的音乐。影片中热爱自然的主题曲《音乐之声》，还有插曲——轻松愉快的《孤独的牧羊人》、深情无限的《雪绒花》、欢乐有趣的《哆来咪》，都已经成为无可争议的经典。因此，我们对一部电影的深刻印象，往往来自其中的音乐。多年以后，我们或许已经记不清电影的情节和内容，但总能回忆起电影中的一些经典乐曲。

电影中不能没有音乐，我们的生活也是如此。有人说，我们每个人都是在音乐中长大的，幼年时期的音乐是摇篮曲，少年时期的音乐是恋人，中年时期的音乐是红葡萄酒，老年时期的音乐是人生伴侣。休闲的人听到音乐会手舞足蹈，忙碌的人听到音乐会身心放松；哭闹的婴儿听到音乐会停止哭闹，流浪的人听到音乐会走向回家的路。总之，音乐是人类灵魂的依靠，音乐能够带给我们快乐。如果没有音乐，我们的生活不可想象。

生活中不能没有音乐。

（选自网络）

▌想一想，说一说

1. 请举三个例子，说说音乐的作用。

2. 有人说"音乐是有年龄的"，说说你的看法。

---

③ 《音乐之声》（Yīnyuè Zhī Shēng）：*The Sound of Music*

④ 奥斯卡（Àosīkǎ）：Oscar

读一读，试一试

1. 这部电影之所以能够获得如此大的成就，不仅是因为影片中有趣的故事、活泼的孩子、温馨的人情、天真无邪的笑料，更是因为它有动听的音乐。

（之所以……，是因为……）

（1）有人说"剩女"之所以"剩"，是因为不肯嫁，而不是没人娶。

（2）她之所以看上去那么劳累，_____。

（3）我之所以希望你去，_____。

（4）_____，是因为这所大学的教授国际知名度很高。

2. 总之，音乐是人类灵魂的依靠，音乐能够带给我们快乐。（总之）

（1）对待顾客要更热情，上门服务要更及时。总之，我们应该继续改进我们的服务。

（2）学习一门语言，要学习发音、学习词汇、学习语法，还得了解文化。_____
_____。

（3）小时候在家需要父母的帮助，长大后外出需要朋友的帮助。_____
_____。

（4）_____。总之，在大城市生活，没有免费的午餐，更不会天上掉馅饼。

课文二　你喜欢听什么音乐

生　词 33

1. 音像	yīnxiàng	（名）	audiovisual
2. 连锁	liánsuǒ	（形）	linked together like a chain
3. 旗舰店	qíjiàndiàn	（名）	flagship store; flagship shop
4. 场面	chǎngmiàn	（名）	scene
5. 火暴	huǒbào	（形）	(of a place, an event, etc.) full of interest and excitement
6. 粉丝	fěnsī	（名）	(one of somebody's) fans

| 7. 收藏 | shōucáng | （动） | buy and find things of a particular type and keep them as a hobby |
| 8. 正版 | zhèngbǎn | （名） | legal copy |

课文 34

学校附近新开了一家很大的音像店，大卫和王楠商量有时间去看看。周五下午没有课，他们两人来到这家音像店，边看边聊。

大卫：这家音像店真大。

王楠：他们是全国连锁的，这是他们的旗舰店。

大卫：噢，我最喜欢这种音像店，想买什么都能找到。

王楠：你喜欢听什么音乐？

大卫：很多，有时候喜欢听摇滚乐，例如朋克⑤摇滚，有时候也喜欢听听乡村音乐。你呢？

王楠：谈不上喜欢什么，听起来舒服就好。

大卫：现在中国有一些新歌手，我好像从来都没听说过。

王楠：有些我也不是很了解，现在歌手太多了，什么风格的都有。

大卫：你心目中最有名的歌手是谁？

王楠：说实话，当前的流行音乐都不怎么样，动不动就是情和爱。

大卫：我也有同感。如果让我听这种音乐，肯定听着听着就睡着了。我喜欢听崔健⑥的摇滚乐，比如，《一无所有》、《一块红布》，都很不错。

王楠：有人说他是中国的"摇滚之父"。我曾经听过他的音乐会，场面非常火暴！

---

⑤ 朋克（péngkè）：Punk

⑥ 崔健（Cuī Jiàn）：(1961～) a Chinese singer

大卫：我在网上看到几个帖子，说中国最近流行去音乐厅听古典音乐。

王楠：我觉得谈不上流行，去音乐厅听古典音乐，我觉得一般人不会太感兴趣。

大卫：你去过吗？

王楠：没去过，听说票价很贵。

大卫：其实，我也不怎么听古典音乐。

王楠：我挑了两张周杰伦⑦的CD。

大卫：你是他的粉丝吗？

王楠：可以这么说，年轻人都喜欢听他的歌。

大卫：我买两张崔健的，我喜欢收藏正版CD。

▌想一想，说一说

1. 你知道哪些风格的音乐？

2. 说说你喜欢的音乐风格。

3. 你怎么看正版音乐和非正版音乐？

▌读一读，试一试

1. 如果让我听这种音乐，肯定听着听着就睡着了。（v.着 v.着就……）

（1）我本来在看书，谁知看着看着就睡着了。

（2）最近老是睡不好觉，常常做梦，而且睡着睡着就醒了。

（3）她讲笑话，我们都不笑，但她每次都是_____。

（4）_____，我们常常是说着说着就到吃饭时间了。

2. 我买两张崔健的，收藏起来。（v. + 起来）

（1）别找了，我已经把那张票藏起来了。

（2）越是在困难的时候，_____。（团结）

（3）如果在大陆和台湾之间修建一座大桥，_____。（连接）

（4）_____，应该把理论和实践结合起来。

---

⑦ 周杰伦（Zhōu Jiélún）：(1979～) Jay Chou, a young singer in Taiwan of China

课文三 月亮代表我的心

生 词 [35]

1. 遍布	biànbù	（动）	be found everywhere; spread all over
2. 成熟	chéngshú	（形）	mature; develop to perfection
3. 乐坛	yuètán	（名）	music circles
4. 唱片	chàngpiàn	（名）	record; disc
5. 销售量	xiāoshòuliàng	（名）	the number of items sold
6. 从容不迫	cóngróng bú pò	（成）	calm and unhurried; in a leisurely manner
7. 做作	zuòzuo	（形）	affected; artificial
8. 节奏	jiézòu	（名）	rhythm
9. 烦躁	fánzào	（形）	agitated; fretful; irritable and restless
10. 老少皆宜	lǎoshào jiē yí		suitable or good for both the old and the young
11. 魅力	mèilì	（名）	charm
12. 气质	qìzhì	（名）	disposition; temperament
13. 痕迹	hénjì	（名）	trace
14. 先河	xiānhé	（名）	beginning; initiation
15. 抒情	shūqíng	（动）	express or convey one's emotions
16. 生涯	shēngyá	（名）	career

课 文 36

在中国历史上，没有任何一位歌手能像邓丽君那样，获得过"十亿个掌声"；也没有任何一位歌手能像邓丽君那样，为遍布世界的华人所喜爱；更没有任何一位歌手能像邓丽君那样，能同时在几代人的内心留下温馨而长久的记忆……

邓丽君（1953.1.29～1995.5.8），生于中国台湾，21岁前往日本。亲切、成熟的形象，令她成为上世纪80年代华语乐坛和日本乐坛的天王巨星。邓丽君在华人社会具有相当的影响力，是上世纪后半期最有名的华语和日语女歌手之一。据统计，邓丽君的唱片销售量已超过4800万张。

邓丽君的演唱，平淡无奇却又使人印象深刻。在舞台上，她自信、自然、从容不迫，没有大声的呼喊，没有故意做作。她的歌声、笑容，甚至是每一个动作，都显得那么自然。现代都市的生活节奏飞快，人们的内心世界烦躁不安，因此，邓丽君的歌曲成为很多人的首选。邓丽君的歌，老少皆宜，让人感到平静、亲切、温馨。

邓丽君的演唱魅力，不仅仅是她迷人的气质、甜美的歌声，更在于她标准的发音。虽然生在南方，但她的发音非常准确，没有任何方言的痕迹。邓丽君的这种语言魅力，是当代很多舞台表演者所不能比的。

邓丽君的歌曲上个世纪80年代传入中国大陆，可以说是开了大陆"靡靡之音[8]"的先河，她让当时的人们知道，除了样板戏[9]和革命歌曲，还有非常好听的抒情歌曲。从样板戏和革命歌曲一下子发展到抒情歌曲，立刻引起了人们的兴趣。那个时代，大概没有人不知道邓丽君，没有人不会唱邓丽君的歌。

在30多年的歌唱生涯中，邓丽君共演唱了3000多首中文、英文、日文等不同语言的歌曲。其中，《月亮代表我的心》、《甜蜜蜜》、《小城故事》、

---

[8] 靡靡之音（mǐmǐ zhī yīn）：decadent music

[9] 样板戏（yàngbǎnxì）：eight literary works popular in China during 1960～1970

《但愿人长久》、《北国之春》、《何日君再来》、《路边的野花不要采》等代表作一直流行到现在。

邓丽君是一个时代的记忆。

（选自网络）

想一想，说一说

1. 邓丽君的歌曲为什么会成为很多人的首选？

2. 说说邓丽君成为天王巨星的原因。

3. 为什么说"邓丽君是一个时代的记忆"？

4. 你听过邓丽君的什么歌？简单说说她的音乐风格。

读一读，试一试

1. 在中国历史上，没有任何一位歌手能像邓丽君那样获得过"十亿个掌声"。

（没有任何……能……）

（1）在世界音乐史上，没有任何一个人能像莫扎特（Mòzhātè, Mozart）那样：三岁会弹钢琴，六岁就开始作曲。

（2）在中国诗歌史上，没有任何一位诗人能和李白相比。李白一生能饮能文，被称为"诗仙"。

（3）在当代音乐史上，＿＿＿＿＿＿＿＿。（杰克逊（Jiékèxùn, Michael Jackson））

（4）在世界文学史上，＿＿＿＿＿＿＿＿，其作品已经被翻译到很多国家。

2. 邓丽君的演唱魅力，不仅仅是她迷人的气质、甜美的歌声，更在于她标准的发音。

（不仅仅……更……）

（1）只有喜怒哀乐是写不出好作品的，因为创作不仅仅需要感情，更需要真实的生活体验。

（2）莫扎特被称为"音乐神童"，不仅仅是因为他对古典主义的贡献，更在于他是人类历史上罕见（hǎnjiàn, rarely seen; rare）的音乐天才。

（3）我们这么高兴，＿＿＿＿＿＿＿＿，更是因为你带来了大家盼望已久的好消息。

（4）收发电子邮件不通畅，可能不仅仅是邮箱的问题，＿＿＿＿＿＿＿＿。

唱一唱，说一说

1. 学唱《月亮代表我的心》。

月亮代表我的心

邓丽君　演唱

孙　仪　词

汤　尼　曲

$1=^\flat D$　$\frac{4}{4}$

0 5 ‖: 1. 3 5. 1 | 7. 3 5 0 5 | 6 7 i. 6 | 6 5 5 - - 3 2 |

你　问我爱你　有多深，我　爱你有几　分？　我的
你　问我爱你　有多深，我　爱你有几　分？　我的

1. 1 1　3 2 | 1. 1 1　2 3 | 2 1 6 2 3 | 2 - - 0 5 :‖

情也真，我的　爱也真，月亮　代表我的　心。　你
情不移，我的　爱不变，月亮

2. 6 7 1 2 | 1 - - 3 5 | 3. 2 1 5 | 7 - - 6 7 | 6. 7 6 5 | 3 - - 5 |

代表我的　　心。　轻　轻的一个　吻，已经　打动我的　心，　深

3. 2 1 5 | 7 - - 6 7 | 1. 1 1　2 3 | 2 - - 0 5 | 1 3 5. 1 |

深的一段　情，　教我　思念到如　今。　你　问我爱你

7. 3 5 5 | 6. 7 i. 6 | 6 5 5 - 3 2 | 1. 1 1　3 2 |

有多深，我　爱你有几　分？　你去　想一想，你去

1. 1 1　2 3 | 2. 6 7　1 2 | 1 - - 0 ‖

看　一　看，月亮　代表我的　　心。

2. 说说这首歌的风格。

词语练习

一、模仿例子说出更多的词语。

例：影响力： 创造力   想象力   记忆力

1. 正版：_____ _____ _____

2. 乐坛：_____ _____ _____

3. 摇篮曲：_____ _____ _____

4. 销售量：_____ _____ _____

5. 哲学家：_____ _____ _____

二、选择词语填空。

老少皆宜   从容不迫   无可争议   手舞足蹈   天真无邪

1. 我们常用（   ）这个词来形容孩子，意思是心地善良、性格直率。

2. 比赛的结果（   ），赢了就是赢了，输了就是输了。

3. 这部电影从老人到孩子都喜欢看，真是（   ）。

4. 不管遇到什么事儿，她总是那么（   ），好像从来都不着急。

5. 拿到入学通知书那天，大卫（   ），高兴得像个孩子似的。

三、根据拼音写汉字，然后读一读，并说说这些词语的意思。

1. 这名歌手在演唱时有点儿 zuòzuo（   ），让人很不舒服。

2. 我最喜欢看奥斯卡 jīngdiǎn（   ）影片，而且是百看不厌。

3. 我喜欢收藏 zhèngbǎn（   ）CD，不喜欢从网上下载音乐。

4. 这家超市是连锁店，分店 biànbù（   ）各地，几乎每个城市都有。

5. 摇滚乐的 mèilì（   ）在于让你在音乐中释放压力，忘记一切。

实用

招牌句

1. 生活中不能没有音乐。

2. ……经典中的经典。

3. 你喜欢听什么音乐？

4. 他们是全国连锁的。

5. 什么风格的都有。

6. 场面非常火暴！

大声读，背下来！

用一用，练一练

1. A：昨天的音乐会怎么样？

   B：_____，大厅外面都站满了人。

2. A：这家超市在别的城市有分店吗？

   B：有，_____。

3. A：_____？

   B：除了HipHop之外，别的都可以。

4. A：教授，您能谈谈当前的音乐风格吗？

   B：这不是一句话两句话就能说清楚的，现在的音乐种类很多，_____。

5. A：在中国，一提到崔健，很多人就想起他的《一无所有》。

   B：是啊，《一无所有》堪称中国摇滚乐_____，影响了一代人。

6. A：孔子说"夫乐者，乐也；人情之所以不能免也"，是什么意思啊？

   B：简单地说，就是_____。

功能项目练习

20. 概括

例：总之，音乐是人类灵魂的依靠，音乐能够带给我们快乐。

总之；总而言之；总的来说；总的来看

（1）对于音乐，有的人喜欢轻音乐，有的人喜欢摇滚乐，有的人喜欢古典音乐。你能得出什么结论？

_____。

（2）秘书说，上两个月的销售量一般，这个月增长了10%，估计下个月也应该没问题。请你代表经理作一个总结。

经理：_____。

21. 评价

例：当前的流行音乐都不怎么样，动不动就是情和爱。

不怎么样；马马虎虎；一般；还可以；（不）值得一 + v.

（1）王楠：好久不见。最近怎么样？

大卫：_____。

（2）王楠：听说你最近换了一份工作，干得怎么样？

大卫：_____。

（3）王楠：他的绘画作品，当年都_____，没有人欣赏。

大卫：那是以前，此一时彼一时啊，现在他的影响可不得了！

22. 表示同意、赞成

例：我也有同感。如果让我听这种音乐，肯定听着听着就睡着了。

我也有同感；我也这么看；（某人）说得一点儿不错；你说出了我的心里话

（1）王楠：我觉得昨天的演唱会上，有人假唱。

大卫：_____。

（2）王楠：对一部经典的电影来说，音乐是非常重要的。

大卫：_____。

（3）王楠：你是不是不喜欢现在这个专业啊？

大卫：_____，我正想去办公室问问能不能换一个专业。

交际活动与任务

一 小组讨论。

两人一组进行讨论：

1. 怀念一名歌手或音乐家，有哪些方式？

2. 介绍你最喜欢的一位歌手，谈谈他/她的成功之路和音乐风格。

二 小组活动。

一位网友说：喜欢一个人横躺在沙发上，把腿跷到墙上，抱着枕头，舒舒服服地听音乐。你觉得听音乐，一定得去音乐厅吗？在不同的场合听音乐，效果会有什么不同？请两人一组进行对话，尽量使用下面的词语和句子，并把对话内容写出来。

经典	欣赏	演唱	堪称	印象	生活中不能没有音乐
粉丝	呐喊	烦躁	深刻	身心	……经典中的经典
风格	节奏	现场	效果	舞台	你喜欢听什么音乐
气质	掌声	放松	做作	乐坛	什么风格的都有
手舞足蹈					场面非常火暴

我：_____

网友：_____

我：_____

网友：_____

我：_____

网友：_____

我：_____

网友：_____

我：_____

网友：_____

我：_____

网友：_____

自主学习　　　日积月累

　　用汉字、拼音或你的母语，记下你觉得最有用的词语、句子、文化知识等。

 **捇了芝麻，丢了西瓜**

课文一　笼子里的肉

生　词　**37**

1. 笼子	lóngzi	（名）	cage
2. 错过	cuòguò	（动）	miss (an opportunity, object, etc.)
3. 毫无疑问	háo wú yíwèn		undoubtedly; without a doubt; beyond question
4. 陷阱	xiànjǐng	（名）	trap
5. 猎人	lièrén	（名）	hunter
6. 一跃而起	yí yuè ér qǐ		spring to one's feet
7. 喉咙	hóulóng	（名）	throat
8. 丰盛	fēngshèng	（形）	sumptious

课　文　**38**

> 生活往往如此：你付出了努力，最后得到了你最想要的，然而当你回头时却突然发现，其实还有一个更好的，但这个机会已经被你错过了⋯⋯

　　笼子里挂着一块肉，狮子站在笼子外面，看着那块肉。聪明的狮子知道，毫无疑问，这肯定是一个陷阱。猎人就在附近，过一段时间就会来看一下。但狮子也下定决心：说什么也得吃到这块肉！

　　狮子离开笼子，钻进树林藏了起来。狮子心想，先咬死猎人才能去吃那块肉，这样猎人就抓不到自己了。

　　猎人过来了，手里拿着枪。猎人一步步靠近笼子，走到笼子前，看见笼子空着，就转过身，准备离去。

狮子突然站了起来，猎人就在它跟前，而且背对着它。狮子一跃而起，扑倒了猎人，并一口咬断了猎人的喉咙。

猎人不动了，狮子放心地转身走进笼子，咬住肉，用力一拉。"啪！"笼子门关上了。狮子没去管它，它已经杀死了猎人，深信不会有什么危险了。

狮子吃完肉，准备出去，这时才发现自己是打不开这笼子的。狮子看着猎人，很久才明白过来，猎人本来就是一顿美餐，而且比笼子里的这块肉要丰盛得多。但不管怎么样，狮子都已经出不去了。

（选自《故事家》）

想一想，说一说

1. 请简单复述故事的情节。

2. 怎么理解课文的题目"笼子里的肉"？

读一读，试一试

1. 毫无疑问，这肯定是一个陷阱。（毫无）

（1）没想到，公司会让我在毫无准备的情况下去参加面试。

（2）我不喜欢流行音乐，_____。

（3）我的电脑可能中了病毒，开机后，_____。

（4）_____，和你毫无关系。

2. 但狮子也下定决心：说什么也得吃到这块肉！（说什么/怎么着也得……）

（1）结了婚，说什么也得买个房子，不然以后到哪儿住呢！

（2）好不容易来了一趟，_____，要不不是白来了吗？

（3）_____，我说什么也得去。

（4）这场比赛_____，不然后面就没有机会了。

3. 狮子看着猎人，很久才明白过来，猎人本来就是一顿美餐。（v. / adj. + 过来）

（1）当时她说得太快了，没反应过来；她走了，我才明白过来。

（2）我明白过来了，_____。

（3）_____，回来一小时了，还没暖和过来。

（4）经过全体医务人员的努力，_____。

课文二　捡了芝麻，丢了西瓜

生　词 `39`

1. 芝麻	zhīma	（名）	sesame
2. 塌	tā	（动）	collapse; fall down
3. 签证	qiānzhèng	（名）	visa
4. 牛仔裤	niúzǎikù	（名）	jeans
5. 夹	jiā	（动）	be in between
6. 愤怒	fènnù	（形）	indignant; very angry
7. 吵架	chǎojià	（动）	quarrel; argue
8. 何必	hébì	（副）	(used in rhetorical questions) there is no need; why
9. 顾	gù	（动）	care only for; pay attention only to
10. 保管	bǎoguǎn	（动）	take care of
11. 裁缝	cáifeng	（名）	tailor
12. 干脆	gāncuì	（副）	simply; just

课　文 `40`

王楠从国家图书馆借书回来，遇到了大卫。大卫满脸的不高兴，王楠问他发生了什么事儿。

王楠：大卫，出什么事儿了？

大卫：别提了，今天太不顺了。

王楠：怎么了？别担心，天塌不下来！

大卫：今天上午我去办签证，顺便买了一条牛仔裤。

王楠：裤子呢？

大卫：你别急，听我慢慢跟你说。我上了公共汽车，坐了两站，售票员说我坐反了。

王楠：那就过天桥，到马路那边再坐回来啊。我刚来的时候也发生过这种事儿。

大卫：是啊，我就下车过天桥，然后往回坐。

王楠：后来呢？

大卫：后来我觉得有点儿累，就去麦当劳吃了个快餐。

王楠：这不挺好的嘛。

大卫：可我吃着吃着，发现汉堡包里面夹着一根头发！我很愤怒，和服务员吵了一架。

王楠：你的脾气真大。

大卫：碰到这种事儿，换成你，你不生气吗？

王楠：我会让他们给我换一个。何必跟他们生气呢？

大卫：他们态度还不错，后来把钱退给我了。回到宿舍，一下子想起来，光顾着生气了，把裤子忘在麦当劳了。

王楠：这不是捡了芝麻，丢了西瓜嘛！赶紧回去找啊。

大卫：我赶紧打车回去，好在服务员帮我收起来了，不然肯定找不回来了。把我弄得挺不好意思。

王楠：是啊，你和人家吵架，人家还帮你保管衣服。

大卫：可是回到宿舍一穿，发现裁缝把裤子改得太短了。

王楠：当时，服务员没问你穿多长的裤子啊？

大卫：问了，我想可能是我没说清楚。

王楠：短点儿就短点儿吧，反正夏天也快到了，干脆再弄得短点儿，当短裤穿。

大卫：看来，只能这样了。

想一想，说一说

1. 大卫今天碰到了哪些不顺心的事儿？

2. 说说"捡了芝麻，丢了西瓜"的含义。

3. 举一个"捡了芝麻，丢了西瓜"的例子。

读一读，试一试

1. 今天上午我去办签证，顺便买了一条牛仔裤。（顺便）

（1）明天我想去逛逛书店，顺便买张CD听听。

（2）大卫，明天你去图书馆吗？如果去，_____？

（3）昨天我去了趟博物馆，回来的路上，_____。

（4）_____，方便的话，请顺便给我买张手机充值卡，100的。

2. 好在服务员帮我收起来了，不然肯定找不回来了。（好在……不然/否则……）

（1）好在消防员（xiāofángyuán, firefighters）来得及时，不然会造成更大的损失。

（2）好在我安装了杀毒软件（shādú ruǎnjiàn, antivirus software），_____

_____。

（3）好在你有经验，_____。

（4）_____，否则麻烦可就大了。

课文三　因小失大及语言的雅与俗

生词　41

1. 雅	yǎ	（形）	refined; elegant
2. 俗	sú	（形）	vulgar
3. 放屁	fàngpì	（动）	fart
4. 反思	fǎnsī	（动）	reflect; introspect
5. 缩影	suōyǐng	（名）	miniature
6. 砍伐	kǎnfá	（动）	chop down
7. 沙尘暴	shāchénbào	（名）	sandstorm
8. 画蛇添足	huà shé tiān zú	（成）	draw a snake and add feet to it; leave well enough alone
9. 讽刺	fěngcì	（动）	satirize
10. 傻子	shǎzi	（名）	fool

课　文 　42

语言有雅俗之分。不同的表达方式，往往会产生完全不同的效果。因为一个小的错误而造成了更大的错误，叫"因小失大"；而做了多余的小事，则被称为"脱了裤子放屁"。

一个农民到田里种豆子。一只猴子看见了，也抓了一把豆子，打算种在田里。可是一不小心掉了一颗豆子，猴子就把手里的豆子扔在一边儿，去找那颗掉了的豆子。它没找到那颗豆子，别的豆子却被鸟吃光了。

反思一下，其实猴子的行为是我们生活的一个缩影。例如，为了吃饭方便，人们大量砍伐森林，做成一次性筷子。然而却没有想到，由于树木越来越少，沙尘暴来了，让我们失去了美好的环境。

毫无疑问，猴子因为一颗豆子，把更多的豆子丢了；而人们为了使用方便的一次性筷子，失去了森林，引起了沙尘暴。这些都是因为一个小的错误而造成了更大的错误，这叫"因小失大"，虽然有时让人觉得后悔，但在语言上，是比较雅的说法。

汉语当中有一个成语叫"画蛇添足"，意思是你做了一件多余的事儿。一个人去参加画画比赛，画了一条蛇，看见别的人都还没画完，就给蛇加上了几只脚，为此，这个人输了比赛。"画蛇添足"常常用来指做了一件多余的小事儿，带有批评或讽刺的意思。因为画脚这件小事是多余的，人们还可以说这是"脱了裤子放屁"。仔细想想，这句话真是太有意思了。我们知道，即使一个傻子，也绝对不会为放个屁而脱裤子，虽然这句话看起来很俗，但用它来表达做了多余的事儿，真是再合适不过了。

想一想，说一说

1. 请复述这段短文的内容。

2. 什么是"因小失大"？

3. 请举一个"因小失大"的例子。

读一读，试一试

用它来表达做了多余的事儿，真是再合适不过了。（再……不过）

（1）其实，在她看来，汉语真是再简单不过了。

（2）＿＿＿＿＿＿＿＿＿＿＿＿＿＿，以后再也不去了。

（3）用"幽默、聪明"这两个词来形容我朋友，真是＿＿＿＿＿＿＿＿＿＿＿＿＿＿。

（4）＿＿＿＿＿＿＿＿＿＿＿＿＿＿，再自私不过了。

词语练习

一、模仿例子说出更多的词语。

例：保管：　<u>代管</u>　　　<u>分管</u>　　　<u>主管</u>

1. 傻子：＿＿＿＿＿＿　＿＿＿＿＿＿　＿＿＿＿＿＿

2. 签证：＿＿＿＿＿＿　＿＿＿＿＿＿　＿＿＿＿＿＿

3. 反思：＿＿＿＿＿＿　＿＿＿＿＿＿　＿＿＿＿＿＿

4. 缩影：＿＿＿＿＿＿　＿＿＿＿＿＿　＿＿＿＿＿＿

5. 牛仔裤：＿＿＿＿＿＿　＿＿＿＿＿＿　＿＿＿＿＿＿

二、选择词语填空。

错过　　喉咙　　一跃而起　　毫无疑问　　画蛇添足

1. 这些题目只要求判断对错，你却都一个一个解释出来，这不是（　　　　　）吗？

2. 大卫感冒一个多星期了，一直（　　　　　）疼。

3. （　　　　　），我们不能因为发展经济而不顾环境污染。

4. 羚羊（língyáng, antelope）越来越近了，狮子（　　　　　），扑了过去。

5. 这么好的机会太难得了，你怎么能轻易（　　　　　）？

三、根据拼音写汉字，然后读一读，并说说这些词语的意思。

1. 网上购物方便是方便，但要小心 xiànjǐng（　　　　），不要上当受骗。

2. 这些书你先替我 bǎoguǎn（　　　）一下，下星期我去你那儿取。

3. 你这么 fěngcì（　　　）人是不对的，有话好好说嘛。

4. 不要担心，天 tā（　　　）不下来。

5. 谢谢你为我们准备这么 fēngshèng（　　　）的晚餐。

实用

招牌句

1. 这肯定是一个陷阱。

2. 很久才明白过来。

3. 出什么事儿了？

4. 换成你，你不生气吗？

5. 看来，只能这样了。

6. 再合适不过。

大声读，背下来！

用一用，练一练

1. A：这么重要的事儿，让谁去比较好呢？

   B：大卫啊，专业对口，又有经验，他去＿＿＿＿＿＿＿＿＿＿＿了。

2. A：我放下电话，＿＿＿＿＿＿＿＿＿＿，原来他是不想去。

   B：是啊，你怎么反应这么慢呢？昨天我就听出来了。

3. A：王楠，＿＿＿＿＿＿＿＿＿＿？

   B：没什么。可能最近休息得不好，老觉得累。

4. A：昨天我想从网上买张演唱会的票，可让我先交100块钱订金。

   B：＿＿＿＿＿＿＿＿＿＿，千万别上当。

5. A：你还不让我生气，＿＿＿＿＿＿＿＿＿＿？

   B：说实在的，这件事是够气人的。可生气也没什么用啊。

6. A：既然衣服买小了，又不能退换，干脆送给你妹妹穿吧。

   B：＿＿＿＿＿＿＿＿＿＿＿。

功能项目练习

23. 表示相信

例：聪明的狮子知道，毫无疑问，这肯定是一个陷阱。

毫无疑问；相信；深信；错不了；确信无疑

（1）王楠肯定不会在背后说别人的闲话。大卫非常相信这一点。

大卫：＿＿＿＿＿＿＿＿＿＿＿＿＿＿＿。

（2）王楠担心，最近新上市的电脑可能不稳定。大卫让她放心。

大卫：＿＿＿＿＿＿＿＿＿＿＿＿＿＿＿。

（3）大卫参加一个考试，因路上堵车迟到了，他看到很多人已经走出了考场。大卫相信考试已经结束了。

大卫：＿＿＿＿＿＿＿＿＿＿，考试已经结束了。

24. 表示不必、没有必要

例：何必跟他们生气呢？

何必……呢；用不着……；值得……吗；不用/不必（做某事）

（1）王楠想亲自去买票。大卫认为，王楠不用去。

大卫：这种小事，＿＿＿＿＿＿＿＿＿＿。

（2）王楠的手机被人碰到地上摔坏了，她很生气。大卫觉得不值得生气。

大卫：＿＿＿＿＿＿＿＿？现在手机这么便宜，干脆再买一个吧。

（3）大卫想去电影院看电影。王楠觉得没有必要去电影院，可以在网上看。

王楠：＿＿＿＿＿＿＿＿＿＿＿＿＿。

25. 表示庆幸

例：我赶紧打车回去，好在服务员帮我收起来了，不然肯定找不回来了。

好在/多亏/幸亏……，不然/否则/要不……；运气真不错；

想不到/没想到（幸运的事儿）

（1）王楠刚回到宿舍，外面就下起了大雨。王楠觉得很庆幸。

　　王楠：_____。

（2）旅游公司招聘导游，大卫得到了这个机会。王楠觉得他运气好。

　　王楠：大卫，_____，我的两个同学都没能得到这个机会。

（3）大卫的书包落在了公共教室，值班人员帮他收了起来。大卫觉得很庆幸。

　　大卫：_____。

26. 解释（1）

例：汉语中有一个成语叫"画蛇添足"，意思是你做了一件多余的事儿。

……意思是……；……是……的意思；……，意思是说……；

……也就是说/换句话说……

（1）大卫不知道"一跃而起"这个成语的意思，王楠告诉他。

　　王楠：一跃而起，_____突然一下子跳起来。

（2）王楠给大卫解释"陷阱"的意思。

　　王楠：_____。

（3）大卫：王楠，什么叫"因小失大"啊？

　　王楠：_____。

交际活动与任务

一 小组讨论。

两人一组进行讨论：

1. 和你的同桌讲一讲你最不顺心的一件事儿。请尽量使用下列结构。

开始的时候，……，后来，……，再后来，……

先……，再……，接着……，然后……

本来……，后来……

……，结果，……

2. 假设猎人和狮子在天堂见到了上帝，请你分别扮演猎人、狮子、上帝，各提
   两个你最想问的问题。

二 小组活动。

天堂里的对话：狮子和猎人都死了，后来他们在天堂和上帝见了面。请尽量使用
下面的句式，组织一场对话。三人一组进行，并把对话内容写出来。

这肯定是一个陷阱。

很久才明白过来。

出什么事儿了？

换成你，你不生气吗？

看来，只能这样了。

再……不过

上帝：_____

猎人：_____

狮子：_____

猎人：_____

狮子：_____

上帝：_____

狮子：_____

猎人：_____

上帝：_____

狮子：_____

猎人：_____

上帝：_____

狮子：_____

猎人：_____

上帝：_____

自主学习　　日积月累

用汉字、拼音或你的母语，记下你觉得最有用的词语、句子、文化知识等。

_____

_____

_____

_____

_____

_____

_____

 **教育需要培养全面发展的人**

课文一　一个中学生的作息时间表

生　词 `43`

1. 作息	zuòxī	（动）	work and rest
2. 忍受	rěnshòu	（动）	tolerate; put up with
3. 洗漱	xǐshù	（动）	wash one's face and rinse one's mouth
4. 恨不得	hènbude	（动）	one wishes one could
5. 火坑	huǒkēng	（名）	abyss of suffering
6. 操场	cāochǎng	（名）	playground; sports ground
7. 变态	biàntài	（形）	abnormal; perverted
8. 沾	zhān	（动）	touch
9. 枕头	zhěntou	（名）	pillow
10. 心灵	xīnlíng	（名）	heart; mind; soul
11. 思考	sīkǎo	（动）	think deeply; ponder over
12. 解脱	jiětuō	（动）	relieve
13. 素质	sùzhì	（名）	quality
素质教育	sùzhì jiàoyù		education for all-around development; quality-oriented education

课　文 `44`

我正在读初一，下面是我一天的忙碌生活。请问，这种生活节奏成年人能忍受吗？难道这就应该是我们中学生的生活吗？

作息时间表

6:20	起床	8:00 — 11:30	上课	14:00 — 17:40	上课
6:20 — 6:30	洗漱	11:30 — 12:00	回家	17:40 — 18:00	回家
6:30 — 6:50	背书	12:00 — 12:20	吃午饭	18:30 — 19:00	吃晚饭
6:50 — 7:00	吃早饭	12:20 — 13:20	午觉	19:00 — 23:00	写作业
7:00 — 7:30	到校	13:20 — 13:40	到校	23:00 — 23:20	洗漱
7:30 — 8:00	晨读	13:40 — 14:00	午读	23:20	睡觉

网民回帖

◎ 呵呵，中学生往往都是比较紧张的，作息时间也都差不多。

◎ 你们还有午觉？我们都恨不得不吃饭！

◎ 教育的悲哀啊！

◎ 我觉得更悲哀的是，明明知道这是个火坑，但还得让孩子往里跳。

◎ 这样的时间表真是太不像话了。我记得我读中学的时候，晚上10点前会准时睡觉。我现在大四，要毕业了。就是在高三，我也没见过这样的时间表啊。那个时候，学校鼓励我们去运动，每次下课后，我们就在小操场上踢球。说真的，现在的教育真变态！

◎ 初一还算轻松，到初二连睡觉的时间都不够，晚上做完作业，沾着枕头就睡着了。说实话，我从来没感到像初二那么困，好不容易放假一天，我能整整睡一天。初三除了复习还是复习，与初二相比，不那么紧张。

◎ 学生需要的不只是知识，还有健康的身体、自由的心灵。每一个关心下一代的人都应该思考：如何让学生从这种忙碌的生活中解脱出来。这才是素质教育。

◎ 别说素质教育，现在连教育都不是了，真正的教育是这样的吗？看着身边的学生没日没夜地学习，难过！

想一想，说一说

1. 谈谈这张时间表说明的问题。

2. 说说你心目中理想的中学生活。

读一读，试一试

1. 你们还有午觉？我们都恨不得不吃饭！（恨不得）

（1）为了省钱，他恨不得不吃不喝。

（2）他竟然喜欢我的女朋友，气死我了，＿＿＿＿＿＿＿＿＿＿！

（3）听到奶奶病重的消息，＿＿＿＿＿＿＿＿＿＿。

（4）＿＿＿＿＿＿＿＿＿＿，我恨不得今天晚上就去。

2. 初三除了复习还是复习，与初二相比，不那么紧张。（除了……还是……）

（1）每天的训练都一样，除了跑还是跑，有时有点儿烦。

（2）大卫的房间＿＿＿＿＿＿＿＿＿＿，连个沙发都没有。

（3）上大学之前真累，每天＿＿＿＿＿＿＿＿＿＿，太紧张了。

（4）她这人除了说别人坏话还是说别人坏话，＿＿＿＿＿＿＿＿＿＿。

课文二 能谈谈您的看法吗

生 词 45

1. 能否	néng fǒu		used when talking about a choice you have to make or about two different possibilities
2. 不妨	bùfáng	（副）	may/might as well
3. 采访	cǎifǎng	（动）	interview
4. 减轻	jiǎnqīng	（动）	make something less serious
5. 承认	chéngrèn	（动）	admit
6. 难处	nánchu	（名）	difficulty; trouble

课 文

面对社会对学校的批评，我们能否把责任都推给学校呢？我们不妨看看一名新闻记者对一位中学校长的采访。

记者：谢谢您能抽出时间，接受我们的采访。

校长：不用客气。我愿意回答你的任何问题。

记者：目前社会上对学校的意见很大，能谈谈您的看法吗？

校长：把教育的问题完全推给学校，这是很不负责任的。

记者：您的意思是说，除了学校，其他人也有责任？

校长：对。这个问题很复杂，比如说……

记者：对不起，我想插一句，您能具体说说谁还有责任吗？

校长：很多人认为教育只是学校的事儿，其实，学校、社会、政府和家庭都是有责任的，教育出了问题，不能只说这是学校的责任。

记者：现在很多中学生学习压力大，学校为什么不减轻一下他们的压力呢？

校长：这个问题很好。我们可以减轻学生的压力，但如果所有的学校中只有我们这样做，很快就会有人批评我们，家长首先就会批评，说学校不好好教育孩子。

记者：但学校的目标应该是培养能独立行动、独立思考的人，而不是整天让学生学习、写作业。

校长：我也很反对这种做法，但是，如果我们减少学生的学习任务，学生在最后考试的时候考得很不好，不能去比较好的大学读书，也会有很多人来批评我们。

记者：学生考试考得不好，不能去比较好的大学读书，家长可能接受不了。

校长：是的，不但家长不接受，社会也会越来越不承认我们。

记者：这么说，学校很多时候是不得不这样做。

校长：对。很多时候我们做也不是，不做也不是，反正总有人批评。谢谢你理解我们学校的难处。

记者：您真是太客气了。

校长：对不起，我还有事儿，该走了，如果有时间，我们以后再聊。

记者：再次谢谢您接受我们的采访。

想一想，说一说

1. 请说说校长遇到了什么问题。

2. 请说说你对这些问题的看法。

读一读，试一试

1. 我们不妨看看一名新闻记者对一位中学校长的采访。（不妨）

（1）虽然参加面试的人很多，但你不妨去碰碰运气（pèngpeng yùnqi, try one's luck）。

（2）王楠怎么能说辞职（cízhí, resign）就辞职呢？_____。

（3）既然你那么想知道，_____。

（4）_____，不妨去买一本收藏，想什么时候看就什么时候看。

2. 很多时候我们做也不是，不做也不是，反正总有人批评。（A也不是，不A也不是）

（1）你到底是怎么想的？别弄得大家同意也不是，不同意也不是。

（2）明天的晚会，_办也不是 不办也不是_，真难办。

（3）记者怎么能提这种问题呢？_回答也不是，不回答也不_（回答）

（4）虽然我不喜欢这个话剧_但请我们去_，真是去也不是，不去也不是。

课文三　什么是教育

生　词 47

1.	乍	zhà	（副）	at first; at the beginning
2.	幼儿园	yòu'éryuán	（名）	kindergarten
3.	无时无刻	wú shí wú kè	（成）	always used with "不" to indicate all the time
4.	忽略	hūlüè	（动）	neglect; ignore

5. 指点迷津　zhǐdiǎn míjīn　　　　　　　show someone how to get to the right path; give directions or guidance

6. 跌倒	diēdǎo	（动）	fall; tumble
7. 绊脚石	bànjiǎoshí	（名）	roadblock
8. 伴随	bànsuí	（动）	go with
9. 剩下	shèngxià	（动）	remain; be left over
10. 对照	duìzhào	（动）	compare
11. 权威	quánwēi	（名）	authority

课　文　48

什么是教育？这个问题乍看起来似乎很简单。在一次国际教育会议上，一位教育家请教另一位教育家，却没有下文。可见，这个问题并不那么简单。

教育无处不在。我们从出生到幼儿园、小学、中学、高中、大学，无时无刻不在接受教育。那么什么是教育呢？其实，离我们最近的一些东西，往往最容易被我们忽略。为你指点迷津的那个人，给你希望的那扇窗户，使你跌倒的那块绊脚石，都是教育……总之，伴随我们成长的就是"教育"。

爱因斯坦①曾说，人们离开学校，学到的知识往往会忘掉，剩下的就是"教育"。孔子说，几个人一起走路，其中一定有值得我学习的老师，选择他们的优点加以学习，对他们的缺点，对照自己的情况加以改正，这也是"教育"。

教育应该帮助学生自由地成为他自己，而不是要求他成为什么人。教育应该让学生在自由中不断地获得知识和技能，而不是要求他学习什么。总之，只要坚持自由至上，就抓住了教育的根本。反之，如果教育变成了权威，那它就失败了。

---

① 爱因斯坦（Àiyīnsītǎn）：Albert Einstein (1879～1955), an American physicist

想一想，说一说

1. 你怎么理解爱因斯坦的话？

2. 你觉得到底什么是教育？

读一读，试一试

1. 这个问题乍看起来似乎很简单。（乍看起来/乍看上去/乍一……）

（1）乍看上去她同意了，其实她心里不是这样想的。

（2）这首歌＿＿＿＿＿＿＿＿，但听几遍后，就不想再听了。

（3）有人说，臭豆腐＿＿＿＿＿＿＿＿＿，但吃起来还不错。

（4）这件衣服乍穿起来有点儿不舒服，＿＿＿＿＿＿＿＿。

2. 反之，如果教育变成了权威，那它就失败了。（反之）

（1）培养学生的创造力，首先应该给学生自由；反之，培养创造力就成了空话
（kōnghuà, lip service）。

（2）如果你觉得合适，我们就一起去；反之，＿＿＿＿＿＿＿＿。

（3）只有注重学生的全面发展，才能实现素质教育的目标；＿＿＿＿＿＿＿＿。

（4）＿＿＿＿＿＿＿＿；反之，可能会引起社会的不稳定。

词语练习

一、模仿例子说出更多的词语。

例：绊脚石：　鹅卵石　　　红宝石　　　吸铁石

1. 难处：＿＿＿＿＿　　＿＿＿＿＿　　＿＿＿＿＿

2. 跌倒：＿＿＿＿＿　　＿＿＿＿＿　　＿＿＿＿＿

3. 任务：＿＿＿＿＿　　＿＿＿＿＿　　＿＿＿＿＿

4. 减轻：＿＿＿＿＿　　＿＿＿＿＿　　＿＿＿＿＿

5. 幼儿园：＿＿＿＿＿　　＿＿＿＿＿　　＿＿＿＿＿

二、选择词语填空。

承认　绊脚石　指点迷津　恨不得　解脱

1. 一个月以来，今天心情最好：考试考完了，也放假了，终于（　　　　　）了。

2. 既然他已经（　　　　　）自己错了，我们就不要再批评了。

3. 网友发帖：我的电脑最近老自动关机，是中了病毒吗？请高手（　　　　　）。

4. 其实，听力是我学习外语的一块（　　　　　），多年来一直没有好的解决办法。

5. 总算有了自己的房子，我（　　　　）明天就住进去。

三、根据拼音写汉字，然后读一读，并说说这些词语的意思。

1. 生活不能没有音乐。我们的一生是 bànsuí（　　　）着音乐度过的。

2. 和乡村相比，大都市的生活 jiézòu（　　　）太快了，我还不是很习惯。

3. 网络实名制（shímíngzhì, real-name registration system）其实有很多 bìduān（　　　），

   不能说推行（tuīxíng, implement）就推行。

4. 谢谢您百忙中接受我们的 cǎifǎng（　　　）。

5. sùzhì jiàoyù（　　　），简单地说，就是全面发展的教育，不能只看学生的考试成绩。

实用
招牌句

1. 真是太不像话了！

2. ……沾着枕头就睡着了。

3. 能谈谈您（你）的看法吗？

4. 对不起，我想插一句，……

5. 这么说，……

6. 如果有时间，我们以后再聊。

大声读，背下来！

用一用，练一练

1. A：我觉得高考就是素质教育的一块绊脚石。

   B：＿＿＿＿＿＿＿＿＿＿＿，不取消高考，就不能推行素质教育了？

2. A：昨天我打你手机，你为什么不接啊？

   B：昨天太累了，＿＿＿＿＿＿＿＿＿＿＿，没听见。

3. A：学生在课堂上睡觉打呼噜（hūlu, snore），＿＿＿＿＿＿＿＿＿。

   B：可能也是天气太热了，让同桌叫醒他啊。

4. A：作息时间表是紧张了点儿，但……

   B：＿＿＿＿＿＿＿＿＿＿＿，学生对这时间表有意见吗？

5. A：我还有一个会，＿＿＿＿＿＿＿＿＿。

   B：好，下星期我再来。

6. A：越来越多的学生放学后喜欢去网吧玩儿游戏，＿＿＿＿＿＿＿＿＿？

   B：玩儿可以，但不能上瘾（shàngyǐn, be addicted to something），学校和家庭都要注意这个问题。

功能项目练习

27. 责备

例：这样的时间表真是太不像话了！

真是太不像话了；真不像话；你不觉得太……吗；怎么能……；怎么可以……；像什么话；像什么样子

（1）大卫有两个同学，都大学生了，还花父母的钱，从来不去打工。大卫应该怎么责备他们？

大卫：你这样生真是太不像话了

（2）大卫的银行卡丢了，去银行挂失，但工作人员态度很不好。大卫责备了这个工作人员。

大卫：你怎么能这样？

（3）大卫的一个朋友是狗仔（gǒuzǎi, paparazzo），常常偷拍名人的私生活，大卫觉得这样做太过分了。

大卫：＿＿＿＿我不觉得太乱 nno. 嗯吗?＿＿＿＿。

28. 插话

例：对不起，我想插一句，您能具体说说谁还有责任吗？

对不起，我想插一句；对不起，我打断一下；对不起，我先说个事儿；
对不起，耽误您点儿时间

（1）**大卫**：下星期的晚会一定要好好准备，让我们的老师也参加，……

王楠：＿＿＿＿＿＿＿＿＿＿，后天我们要不要彩排（cǎipái, rehearse）一下？

（2）大家正在吃饭，大卫想说一件事。

大卫：＿＿＿＿＿＿＿＿＿＿，没有交报名表的，请尽快交给我。最近，我们要联系旅行社了。

（3）王经理正在办公室看文件，大卫有事，来找王经理。

大卫：＿＿＿＿＿＿＿＿＿＿，联想公司发来一份传真，请您看一下。

29. 结束交谈（1）

例：如果有时间，我们以后再聊。

今天就谈到这儿吧；这次就谈到这儿吧；好了，就说到这儿吧；
今天我们谈得很愉快；我说完了，谢谢

（1）王老师上完课，准备下课。王老师对学生说什么？

王老师：＿＿＿＿＿＿＿＿＿＿，下星期我们学习第九课。

（2）**校长**：好了，今天就说到这儿吧，我还有一个会。

记者：＿＿＿＿＿＿＿＿＿＿，谢谢您接受我们的采访。

（3）在记者会上，王楠作为实习记者想发表自己的看法。王楠说完自己的意见，最后说什么？

王楠：＿＿＿＿＿＿＿＿＿＿。

交际活动与任务

一　小组讨论。

　　两人一组进行讨论：社会对教育的批评之声很大，如果你是国家教育部门的负责人，将采取哪些改进措施？

二　小组活动。

　　有一个中学生面对巨大的学习压力，一位心理学家试着通过一场谈话减轻他的压力。请两人一组进行对话，分别扮演心理学家和中学生。尽量使用下面的词语和句式，并把对话内容写出来。

节奏	忍受	解脱	变态	承受	真是太不像话了
压力	思考	弊端	作息	责任	……沾着枕头就睡着了
减轻	不妨	权威	个性	全面	能谈谈您（你）的看法吗
发展	培养	考试	减轻	悲哀	对不起，我想插一句，……
身心健康	绊脚石	恨不得			这么说，……
独立	成绩	除了……还是……			如果有时间，我们以后再聊

心理学家：＿＿＿＿＿＿＿＿＿＿＿＿＿＿＿＿＿＿＿＿＿＿＿＿＿＿＿＿＿

中 学 生：＿＿＿＿＿＿＿＿＿＿＿＿＿＿＿＿＿＿＿＿＿＿＿＿＿＿＿＿＿

心理学家：＿＿＿＿＿＿＿＿＿＿＿＿＿＿＿＿＿＿＿＿＿＿＿＿＿＿＿＿＿

中 学 生：＿＿＿＿＿＿＿＿＿＿＿＿＿＿＿＿＿＿＿＿＿＿＿＿＿＿＿＿＿

心理学家：＿＿＿＿＿＿＿＿＿＿＿＿＿＿＿＿＿＿＿＿＿＿＿＿＿＿＿＿＿

中 学 生：＿＿＿＿＿＿＿＿＿＿＿＿＿＿＿＿＿＿＿＿＿＿＿＿＿＿＿＿＿

心理学家：＿＿＿＿＿＿＿＿＿＿＿＿＿＿＿＿＿＿＿＿＿＿＿＿＿＿＿＿＿

中 学 生：＿＿＿＿＿＿＿＿＿＿＿＿＿＿＿＿＿＿＿＿＿＿＿＿＿＿＿＿＿

心理学家：＿＿＿＿＿＿＿＿＿＿＿＿＿＿＿＿＿＿＿＿＿＿＿＿＿＿＿＿＿

中 学 生：＿＿＿＿＿＿＿＿＿＿＿＿＿＿＿＿＿＿＿＿＿＿＿＿＿＿＿＿＿

心理学家：＿＿＿＿＿＿＿＿＿＿＿＿＿＿＿＿＿＿＿＿＿＿＿＿＿＿＿＿＿

中 学 生： _____

心理学家： _____

中 学 生： _____

三 请调查你所在地区中学生的学习和生活情况。

1. 准备五个你最想问的问题。

2. 在班上汇报调查结果。

自主学习　日积月累

用汉字、拼音或你的母语，记下你觉得最有用的词语、句子、文化知识等。

需要的话，我们给你打电话

课文一　需要的话，我们给你打电话

生　词　[49]

1. 工商管理	gōngshāng guǎnlǐ		Business Administration
2. 报社	bàoshè	（名）	newspaper office
3. 主管	zhǔguǎn	（名、动）	person in charge; be in charge of
4. 履历	lǚlì	（名）	personal record (of education, work experience, etc.)
履历表	lǚlìbiǎo	（名）	curriculum vitae; résumé
5. 部门	bùmén	（名）	department
6. 辛苦	xīnkǔ	（形）	hard; laborious
7. 职业	zhíyè	（名）	job
8. 规定	guīdìng	（动）	prescribe
9. 独立	dúlì	（动）	independent
10. 乐意	lèyì	（动）	be willing to; be ready to
11. 过奖	guòjiǎng	（动）	(in response to a compliment) overpraise; flatter

课　文　[50]

田芳研究生毕业了，虽然学的是工商管理，但很喜欢写一些东西。她打算去报社应聘采访记者。三个星期以前，她将一份简历投给了一家报社。下面是报社主管和田芳的面试对话。

主管：从你的履历表来看，你是学工商管理的。

田芳：是的。

主管：那你为什么想来报社工作？

田芳：我曾在大学报社做过采访工作，对新闻工作一直很有兴趣。

主管：但新闻工作与管理不一样。你懂管理，为什么不去应聘部门经理呢？

田芳：我学的是工商管理，但我对写文章更感兴趣。

主管：实习记者会工作很长的时间。

田芳：我知道这是个比较辛苦的职业。

主管：你一周要工作50个小时，工作上有很大的压力。你要在规定时间内写出报道，还要非常独立，知道怎么去安排所有的事情。

田芳：我很乐意接受这个挑战。

主管：从简历能看出，你的写作能力很不错。

田芳：您过奖了。

主管：好吧，我们就谈到这儿吧。你还有什么问题吗？

田芳：没有。大概什么时候能给我消息？

主管：对不起，我们还要再面试几个人。需要的话，我们给你打电话。

田芳：好的，谢谢！

想一想，说一说

1. 田芳为什么想去报社工作？

2. 为什么说记者是个辛苦的职业？

3. 报社什么时候会给田芳消息？

4. 如果你是田芳，可能会问什么问题？

5. 说说报社记者的苦与乐。

读一读，试一试

1. 从你的履历表来看，你是学工商管理的。（从……来看）

（1）从时间方面来看，我们不必太着急。

（2）从目前情况来看，_他没 zhknbei hao chu qvo_。

（3）从他们两个人的表现来看，_他们更 keneng shi。hu gi_

（4）_从 chung shi ta chan lui kan_人们的生活水平正在提高。

2. 我对新闻工作一直很有兴趣。（对……有兴趣/感兴趣）

（1）上大学的时候，我就对集邮（jíyóu, stamp collecting）有兴趣。

（2）最近，_我 大对 chong lang 很 有兴趣_。

（3）虽然我学的是文科，_我对 shu xue 一直有兴 趣_

（4）_我 ban huzlio_，说明她对旅游没有什么兴趣。

3. 我学的是工商管理，但我对写文章很感兴趣。（是……，但/可……）

（1）我是想睡觉，但怎么睡都睡不着。

（2）这件衣服是很便宜，_但我不太 xi huay_

（3）我是不懂电脑，_但我 jing chang 用 手.jiti_

（4）_我是 shang xue_，可五岁就上小学，真的是太早了。

课文二　能不能占用您几分钟时间

生　词 51

1. 占用	zhànyòng	（动）	take; use
2. 丰富	fēngfù	（形）	rich
3. 登	dēng	（动）	publish
4. 空缺	kòngquē	（名）	vacancy
5. 幸运	xìngyùn	（形）	lucky; fortunate
6. 护送	hùsòng	（动）	escort
7. 免得	miǎnde	（连）	so as not to; so as to avoid
8. 打乱	dǎluàn	（动）	disrupt ⟷ (darao)
9. 落	là	（动）	forget to bring along
10. 荣幸	róngxìng	（形）	honored

课 文　52

张文是一位经验丰富的导游，最近他想换一家旅行社。下面是他和一家旅行社的部门经理的谈话。

张文：您好，我是张文。能不能占用您几分钟时间？

经理：请问，您有什么事儿？

张文：我看了贵社登的招聘导游的广告，请问，还有空缺吗？

经理：有，我们还需要一名导游。

张文：啊，那我太幸运了。我很想申请这个职位。

经理：您有这方面的经验吗？

张文：有，我当过三年的导游。

经理：好，我能问您几个有关导游的问题吗？

张文：当然可以。

经理：如果出了意外，比如一个游客突然病倒了，你该怎么办？

张文：我想我会打电话叫旅行社派人来帮助我们，护送游客到最近的医院，免得打乱整个旅行计划。

经理：如果有人把相机落在了饭店，你会让旅游车返回去吗？

张文：不会的。实际上，在他们上车和下车之前，我都会提醒他们检查自己的物品。

经理：那好，看来你有处理这方面事情的实际经验。非常欢迎你来我们旅行社工作。

张文：谢谢，这是我的荣幸。

想一想，说一说

1. 请根据问句说出答句或根据答句说出问句。

（1）	您好！能占用您几分钟时间吗？	
（2）		我以前做过几年导游工作。
（3）	请问，你们还有空缺吗？	
（4）	如果有人把护照丢在了饭店，怎么办？	
（5）		当然可以。
（6）		我是来应聘导游的。

2. 如果你是这家旅行社的部门经理，你还可能问什么问题？

读一读，试一试

1. 我想我会打电话叫旅行社派人来帮助我们，护送游客到最近的医院，免得打乱整个旅行计划。（免得）

（1）到家后给我发个短信（duǎnxìn, text message），免得我们担心。

（2）天那么冷，有事可以给我打电话，___免得感冒 gǎnmào___。

（3）你最好再提醒他一下，___免得_____。

（4）_____，免得有人不知道上车地点。

2. 不会的。实际上，在他们上车和下车之前，我都会提醒他们检查自己的物品。（实际上）

（1）他说自己是大学毕业，实际上，他连小学都没读完。

（2）公司主管说今年没有赚到钱，实际上，_____。

（3）_____，实际上，你不说我也知道。

（4）听口音她好像是北方人，_____。

课文三　我工作，所以我快乐

生　词　53

1. 评价	píngjià	（动）	evaluate
2. 指标	zhǐbiāo	（名）	index
3. 俗话	súhuà	（名）	saying
4. 角度	jiǎodù	（名）	point of view; perspective
5. 甘苦	gānkǔ	（名）	sweetness and bitterness; pleasure and pain
6. 体面	tǐmiàn	（形）	decent
7. 知足	zhīzú	（形）	(be) content with what one has
8. 品尝	pǐncháng	（动）	taste
品尝师	pǐnchángshī	（名）	taster
9. 品味	pǐnwèi	（名）	a person's ability to choose things that people recognize as being of good quality or appropriate
10. 劣等	lièděng	（形）	low-grade; inferior
11. 羡慕	xiànmù	（动）	admire

课　文　54

> 人们对"好工作"的评价标准是不同的。有些人以收入、工作环境等为指标，有些人完全是在体验工作带来的苦与乐。对后者来说，这个过程本身就是最大的快乐。

究竟什么才是全世界最好的工作？这个问题很难回答。俗话说，隔行如隔山①。一份工作，从你的角度来看是好工作，但真正从事这份职业的人感觉可能正相反。因为只有当你真正进入一个行业，才能体验到其中的甘苦，甚至有

---

① 隔行如隔山（gé háng rú gé shān）：Different trades are separated as if by mountains—one knows very little about trades other than his own.

时候会有种"上了贼船②"的感觉。当然，也有一些人虽然工作看起来不够体面，工资也不高，但却非常知足。所以，关于"最好的工作"这个问题，1000个人也许会给出1000种不同的答案。

一份工作算不算"最好"，关键是看干得高不高兴，是不是一种享受，是否从中获得快乐。评价一份工作的好坏，快乐是最重要的指标。

啤酒品尝师，工作内容是环游世界以及品尝各地啤酒。李丽从开始做这份工作起，已经品尝过全球各地30多个国家的上千种啤酒，被称为"左右男性啤酒品味的女性"。她的工作通常从早上9点半开始，常常一大早就要喝下一肚子啤酒。李丽喝过不少上等啤酒，但也曾将无数劣等啤酒喝进肚子里。"有时，我必须一口气品尝20多种啤酒。"由于工作的原因，她常常环游世界各地，偶尔，还要把工作带回家，和男友一起进行她的啤酒"研究"。"男朋友羡慕死我的工作了。"李丽说。

（选自《北京晚报》）

想一想，说一说

1. 根据短文画线连接，然后组成对话。

那么，究竟什么才是最好的工作呢？   •不一定。实际上，我们常有隔行如隔山的感觉。

只要高兴、快乐，就是好工作吗？   •很难说，因为每个人的评价标准不一样。

你认为什么是最好的工作？   •很多。例如工资高低、环境好坏、快乐不快乐，等等。

为什么呢？   •我觉得是那些干得高兴、让人快乐的工作。

评价工作的好坏，有哪些标准呢？   •因为你觉得好，对方可能觉得不好。

---

② 上了贼船（shàngle zéichuán）：board a pirate ship; embark on a hopeless adventure

A: _____

B: _____

A: _____

B: _____

A: _____

B: _____

A: _____

B: _____

A: 那么，究竟什么才是最好的工作呢？

B: 很难说，因为每个人的评价标准不一样。

2. 请模仿课文，谈谈哈利和明珠的工作。

（1）哈利今年12岁，是一名糖果品尝师。

（2）明珠今年28岁，是一名酒店试睡员。

读一读，试一试

1. 究竟什么才是全世界最好的工作？（究竟）

（1）明天就要报名了，你究竟去还是不去？

（2）一会儿说可以，一会儿说不可以，你究竟可不可以。

（3）我这么说你不满意，那么说也不满意，究竟我在怎么样才满意

（4）这个地_____，我究竟什么地方做得不对？

2. 常常一大早就要喝下一肚子啤酒。……必须一口气品尝20多种啤酒。

（一大早/一肚子/一口气）

（1）那天和朋友吵架，生了一肚子气。

（2）踢完球太渴了，回到房间，一大早一口气喝 一大瓶水。

（3）_____一大早_____，我们在东门见面，不见不散。

（4）这本书太有意思了，_____一口气_____。

3. 男朋友羡慕死我的工作了。（……死）

（1）今天路上堵了半个多小时，什么事儿都耽误了，气死我啦！

（2）渴死我了，有水吗？

（3）那家饭馆的菜难吃死了，＿＿＿＿＿＿＿＿＿＿＿。

（4）我最不喜欢这桑拿天（sāngná tiān, sauna weather），*太 忙 死 了*。

（闷死了）

词语练习

一、模仿例子说出更多的词语。

例：招聘：　应聘　　　返聘　　　解聘

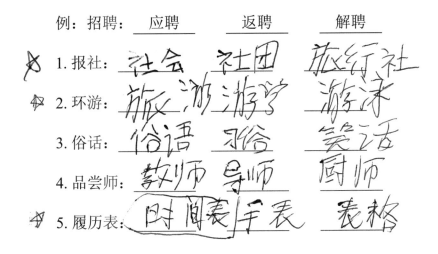

1. 报社：　社会　　社团　　旅行社

2. 环游：　旅游　游学　游泳

3. 俗话：　俗语　习俗　笑话

4. 品尝师：　教师　导师　厨师

5. 履历表：　时间表　手表　表格

二、选择词语填空。

登　　占用　　落　　体面　　羡慕　　申请

1. 拿到HSK四级证书的，可以（申请）奖学金。

2. 对不起，我能（占用）您几分钟时间，问您几个问题吗？

3. 一个教授到饭馆打工卖包子，实在不是件（羡慕）的事儿。

4. 昨天，她把包（落）在出租车上了。

5. 因为认识的女孩子太少，他在报纸上（登）了一则（zé, a measure word for notes, advertisements, etc.）征婚（zhēnghūn, marriage seeking）广告。

6. 酒店试睡员这份工作真令人（羡慕），每天免费住高级酒店，多好啊！

三、根据拼音写汉字，然后读一读，并说说这些词语的意思。

1. 下星期，展览馆有一个大型 zhāopìnhuì（　　　）。

2. 收入高低不是 guānjiàn（　　　），最重要的是快乐不快乐。

3. 我们的看法不一样，是因为看问题的 jiǎodù （　　　　） 不同。

4. 上个月我们参观啤酒厂，免费 pǐncháng （　　　　），喝啤酒不花钱。

实用
招牌句

1. 能不能占用您几分钟时间？

　（能占用您几分钟时间吗？）

2. 需要的话，我们给你打电话。

3. 我们就谈到这儿吧。（今天就到这儿吧。）

4. 俗话说，……

5. 隔行如隔山。

大声读，背下来!

用一用，练一练

1. A：李丽被青岛啤酒公司聘为啤酒品尝师了，你写篇稿子报道一下吧。

　 B：＿＿＿＿＿＿＿＿＿＿＿，我是学理科③的，写新闻报道我可不行。

2. A：请问，什么时候能有面试的消息？

　 B：你等等吧。＿＿＿＿＿＿＿＿＿＿＿。

3. A：＿＿＿＿＿＿＿＿＿＿＿，我三点半约了人。

　 B：好，方便的时候我再来。

4. A：你觉得我从事服装行业，能行吗？

　 B：＿＿＿＿＿＿＿＿＿＿：三百六十行，行行出状元④。只要努力做，肯定能行。

5. A：您好，请问，＿＿＿＿＿＿＿＿＿＿？

　 B：对不起，你稍微等一下。

6. A：好，＿＿＿＿＿＿＿＿＿＿，练习做完后放我信箱里。

　 B：周末愉快！

---

③ 理科（lǐkē）：general term for the subjects of physics, chemistry, mathematics, biology, etc.

④ 三百六十行，行行出状元（sānbǎi liùshí háng, hángháng chū zhuàngyuan）：Each and every profession produces its top experts.

功能项目练习

30. 表示喜欢/不喜欢

例：我曾在大学报社做过采访工作，对新闻工作一直很有兴趣。

对……很有兴趣；对……没有兴趣；对……很感兴趣；对……不感兴趣；

对……更感兴趣

（1）大卫很想知道北京烤鸭是怎么做的。他该怎么说？

大卫：<u>我对学怎么做烤鸭很感兴趣</u>。

（2）大卫非常喜欢集邮。他该怎么说？

大卫：<u>我我对集邮很有兴趣</u>。

（3）大卫喜欢打篮球，但更喜欢踢足球。他该怎么说？

大卫：<u>我喜欢打篮球但我对踢足球更有兴趣</u>。

31. 表示谦虚

例：您过奖了。

过奖了；哪里哪里；算不了什么；不敢当，只是……罢了

（1）王楠：大卫，你的汉语水平真是越来越高了。

大卫：<u>哪里哪里</u>，比你还差得远呢！

（2）王楠：大卫，你真了不起，十几分钟就把电脑修好了。

大卫：这<u>算不了什么</u>，一个小问题，一般人都能修。

（3）大卫：王楠，我敢说你肯定算得上咱学校的校花（xiàohuā, campus belle）！

王楠：<u>您过奖了</u>，我哪有那么漂亮啊。

（4）大卫：王楠，你这幅画儿画得真不错，都接近专业水平了。

王楠：我<u>只是……罢了</u>，离专业水准可差得远呢。

32. 结束交谈（2）

例：好吧，我们就谈到这儿吧。你还有什么问题吗？

就谈到这儿吧；今天没时间了，以后再聊吧；好，今天就到这儿吧；

由于时间关系，今天就到这儿吧

（1）大卫想继续和王楠聊聊"富二代"问题，可王楠还有别的事儿。王楠会说什么？

王楠：对不起，_由于时间关系，今天就到这儿吧_。

（2）导师和大卫谈论文的事，最后，时间比较晚了。大卫的导师会说什么？

导师：_好，今天就到这儿吧_，你下星期二再来找我。

33. 表示羡慕

例：男朋友羡慕死我的工作了。

羡慕死……；真令人羡慕；要是我也……，多好啊；运气真好

（1）王楠的朋友有一辆跑车（pǎochē, sports car），大卫很羡慕。大卫会说什么？

大卫：_____。

（2）王楠还没毕业就找到了工作，大卫很羡慕。大卫会怎么说？

大卫：你_____，还没毕业就找到了工作。

交际活动与任务

一 小组讨论。

两人一组进行讨论：

1.以下是被认为世界上最好的6种工作及其优势。请你说说你认为较差的几种工作，并说明原因。

好工作	优　势
软件工程师	职业前景好，报酬相对较高
计算机系统分析员	工作环境优越，职业前景好，报酬属中上
生物学家	职业前景优势明显，收入高，压力小
数学家	中高收入，环境好，压力小
统计员	工作环境优越，体力支出少，中高收入
会计师	前景不错，无需硕博学位也有高收入

2. 如果你是应聘者，遇到这样的问题，你应该怎么回答？

（1）你怎么看向比你年轻的人汇报（huìbào, report）这件事？

（2）谈谈你的缺点。

（3）谈谈你的一次失败经历。

（4）你是应届毕业生，缺乏经验，如何能胜任（shèngrèn, be qualified for）这项工作？

（5）你离开前一家公司的原因是什么？

（6）你以前的上司是个什么样的人？

二　小组活动。

在广告设计公司招聘现场：三人一组，两个人担任面试官，一个人是应聘者。请设计一段招聘对话，尽量使用下面的词语和句式，并把对话内容写出来。

收入	俗话	专业	工资	评价		需要的话，我们给你打电话
免得	简历	乐意	空缺	享受		我们就谈到这儿吧
挑战	职位	提醒	幸运	荣幸		（今天就到这儿吧）
关键	角度	美慕	标准	设计		能不能占用您几分钟时间
前景	失败	经历	选择	压力		（能占用您几分钟时间吗）
工作环境	对……有兴趣					隔行如隔山
实际上	从……来看					俗话说，……

面试官：_____

应聘者：_____

面试官：_____

应聘者：_____

面试官：_____

应聘者：_____

面试官：_____

应聘者：_____

面试官：_____

应聘者：_____

面试官：_____

应聘者：_____

—————— 自主学习 ✎ 日积月累

（士气）
（战士 勇士）
（及时）
（耽误）
（又正误）

用汉字、拼音或你的母语，记下你觉得最有用的词语、句子、文化知识等。

1) 你的朋友工作不知足, 你给朋友什么建议?

2) 你以前的上司是什么样的?

3) 你从上一份工作中学到了什么?

4) 你离天上一份的　　　　　?

5) 你离开上一份　　　　　　　?

○ 如何评价一份工是另工作?

10 旁观者清，当局者迷

课文一　旁观者清，当局者迷

1. 结论	jiélùn	（名）	conclusion
2. 普遍	pǔbiàn	（形）	common
3. 光膀子	guāng bǎngzi		be bare to the waist
4. 不可思议	bù kě sīyì	（成）	inconceivable; unimaginable
5. 媒体	méitǐ	（名）	media
6. 强化	qiánghuà	（动）	intensify
7. 歧视	qíshì	（动）	discriminate
8. 违法	wéifǎ	（动）	break the law
9. 强调	qiángdiào	（动）	stress; emphasize
10. 身份	shēnfen	（名）	identity
11. 倾向	qīngxiàng	（名）	trend; inclination
12. 精打细算	jīng dǎ xì suàn	（成）	careful calculation and strict budgeting
13. 合算	hésuàn	（形）	worthwhile

课　文　56

当我们讨论一个问题时，如果站在不同的角度，就会得出不同的结论。如果你是当局者，可能并不明白问题的根本在哪儿；如果你是旁观者，可能会看得比较清楚。

大卫：前几天我去了趟上海，觉得和北京有很多差别。

王楠：有什么差别？你能举个例子吗？

大卫：我在上海坐出租车，总觉得司机不热情。不问不开口，有点儿拒人千里之外①的感觉。

王楠：可是你不觉得北京的司机有时太热情了吗？路上常常和你不停地说。

大卫：最近，我看到一篇报道，说上海人穿睡衣逛大街、去超市、乘公交车……

王楠：那不是普遍现象。再说，在北京，夏天也有人光着膀子逛大街。

大卫：这有点儿不可思议。不过话又说回来，其实没什么大不了的，不同地区的人往往有不同的生活习惯。

王楠：对，上海人和北京人的不同，也可以说是南方人和北方人的差别。

大卫：网上有人说，上海人的缺点就是从新闻媒体到一般平民，总是有意无意②地强化对外地人的歧视。媒体报道违法事件的时候，如果是外地人做的，就特别喜欢强调外地人的身份；如果是本地人做的，就不说是哪儿的人。

王楠：北京人也有这种看不起外地人的倾向，北京人觉得自己生活在京城，很了不起。其实有很多人好吃懒做，上车不排队，走路闯红灯，有人还喜欢"京骂"，多不雅啊。

大卫：还有，北方人批评南方人精打细算，做一件事总考虑"合算不合算"，显得有点儿小气。其实我觉得这不叫小气，不乱花钱有什么不好？难道大手大脚③花钱才对吗？

王楠：鲁迅先生曾说，北方人看不起南方人，也是一种传统。

大卫：旁观者清，当局者迷④。我觉得北方人也好，南方人也好，如果只

---

① 拒人千里之外（jù rén qiān lǐ zhī wài）：give somebody the cold shoulder; unapproachable

② 有意无意（yǒuyì wúyì）：consciously or subconsciously

③ 大手大脚（dà shǒu dà jiǎo）：wasteful

④ 旁观者清，当局者迷（pángguānzhě qīng, dāngjúzhě mí）：An outsider sees things more clearly than one involved.

是站在当局者的角度，恐怕就只能看到对方的缺点。如果双方都能站

在旁观者的角度，就能发现对方的优点。

王楠：你这叫<u>各打五十大板</u>。

想一想，说一说

1. 说说王楠对南方人和北方人的评论。

2. 说说大卫对南方人和北方人的评论。

3. 谈谈"旁观者清，当局者迷"的意思。

读一读，试一试

1. 不问不开口，有点儿拒人千里之外的感觉。（不……不……）

（1）我和他吵了一架，竟然成了朋友，真是不打不相识！

（2）<u>不看不知道</u>！你亲自去看看，就知道是怎么回事儿了。

（3）我们说好了啊，八点在东门见，<u>不见不散</u>。

（4）学习一种新的语言，不练不熟，<u>不学不会</u>。

2. 我觉得上海人也好，北京人也好，如果只是站在当局者的角度，恐怕就只能看到对方的缺点。（A也好/也罢，B也好/也罢）

（1）你生气也好，不生气也好，我都不同意你的看法。

（2）可口也罢，不可口也罢，反正以后不会再买了。

（3）不管你知道也好，不知道也罢，我都不在乎这件事。

（4）_____，反正你都得去一趟。

（5）你打我也好，骂我也好，_____。

课文二　多挤点儿时间，多读点儿书

生　词			57

1. 挤	jǐ	（动）	squeeze; press
2. 书籍	shūjí	（名）	books

3. 出版	chūbǎn	（动）	publish
4. 困惑	kùnhuò	（形）	puzzled
5. 纯	chún	（形）	pure
6. 繁体字	fántǐzì	（名）	traditional Chinese characters; unsimplified Chinese characters
7. 语感	yǔgǎn	（名）	language sense; instinctive feel for the language

课 文 58

自1978年改革开放以来，中国社会发生了巨大的变化。在经济飞速发展的同时，人们越来越意识到传统文化的重要性。但当我们走进书店，发现各种书籍挤满了书架，头都大了。今天我们不妨听听现场专家的意见。

读者：越来越多的人过于追求快餐文化，不注重传统文化。您怎么看这种现象？

专家：比较正常吧。但不能把传统文化完全丢掉。

读者：您能不能给我们一些建议？

专家：大家最好多挤一点儿时间，多读点儿书，特别是关于中国传统文化的书。

读者：可是现在每年都有近30万种图书出版，走进书店，头都大了。

专家：现在图书丰富了，很多人反而很困惑，不知道读什么书、怎么读书了。

读者：我觉得这是我们很多人遇到的问题。

专家：还是应该多读一些经典作品。比如四大名著：《西游记》、《三国演义》、《红楼梦》、《水浒传》。

读者：但这些都是小说。

专家：对，学习传统文化，不一定非得去读纯文化的书，经典作品本身就是文化。当然，像《论语》、《大学》等作品也很不错。

读者：《论语》、《大学》这些书是经典，但原著都是繁体字，而且是古代书面语，读起来有点儿困难。

专家：其实，读这种传统文化的书，不要太在意语法，关键是兴趣，慢慢有了语感就好了。

读者：您这些意见对我们太有用了，谢谢，谢谢。

想一想，说一说

1. 现代人对读书有什么困惑？
2. 专家的意见是什么？

读一读，试一试

1. 越来越多的人过于追求快餐文化，不注重传统文化。（过于）

（1）不要过于悲观（bēiguān, pessimistic），比赛才刚刚开始，我们还有时间。

（2）北方的天气过于干燥，＿＿＿＿＿＿＿＿＿，我都不喜欢。

（3）＿＿＿＿＿＿＿＿＿，他的额头（étóu, forehead）上湿湿的。

（4）由于过于劳累，＿＿＿＿＿＿＿＿＿。

2. 现在图书丰富了，很多人反而很困惑，不知道读什么书、怎么读书了。

（反而/反倒）

（1）在《龟兔赛跑》中，乌龟爬得那么慢，兔子跑得那么快，可是乌龟反而先到了终点。

（2）＿＿＿＿＿＿＿＿＿，效率反而增加了一倍。

（3）这儿的冬天很冷，下雪的时候，＿＿＿＿＿＿＿＿＿。

（4）＿＿＿＿＿＿＿＿＿，谁知反而更加闷热了。

课文三　地域与文化

生　词　59

1. 地域	dìyù	（名）	locality
2. 橘子	júzi	（名）	orange
3. 挪	nuó	挪用（动）	move
4. 拥有	yōngyǒu	（动）	have
5. 差异	chāyì	（名）	difference
6. 因素	yīnsù	（名）	factor
7. 饮食	yǐnshí	（名）	diet
8. 思维	sīwéi	（名）	thinking
9. 莫	mò	（副）	nothing (… is more than)
10. 对待	duìdài	（动）	treat
11. 推说	tuīshuō	（动）	make an excuse (for not doing something)

橘生淮南则为枳 生于 （手写）

课　文　60

> 中国南方的橘子树在南方能长出又大又甜的橘子，但一旦挪到了北方，就只能结出又苦又酸的枳⑤。

"文化"这个词本身来自于culture，与agriculture（农业）同词根⑥。这可能意味着，人们在不同环境里生活，就会在衣、食、住、行等方面形成不同的习惯。

很多人第一次见面聊天儿，常常问对方的一句话是"你是哪里人？"或直接问对方"你是南方人？"表面看来非常简单的一句话，实际上却包含着问话人"戴着有色眼镜"看问题的心理。因为在很多时候，你是哪个地方的人，决

⑤ 枳（zhǐ）：trifoliate orange

⑥ 词根（cígēn）：word root

定了你拥有那个地方的特有文化。对方知道了你是哪个地方的人，或许马上就会戴上有色眼镜来看你。

俗话说，一方水土养一方人⑦。地域的差别，会产生不同的文化；地域的差异，也会养育不同的性格。北方人和南方人的差异，沿海居民和内陆居民的差别，可以看作地域与文化关系的一种表现。

一个地区的文化，往往会受到自然条件、经济发展、历史传统、地理环境等因素的影响，因此，在长期的发展过程中，会形成多种表现形式，如语言、饮食、风俗、习惯、思维方式，等等。因此，去的地方多了你就会发现，每座城市都有自己的文化特色，这些特色跟这个城市的历史以及地理位置有着密不可分的关系。

例如，中国北方人和南方人就有一些性格差别。表现较为明显的，莫过于本地人对待外地人的态度。外地人问路，有的南方人可能会推说不知道；而北方人一般都会耐心地给外地人指路，有的甚至会亲自带你去。

（选自网络）

想一想，说一说

1. 什么是"戴着有色眼镜"看问题？
2. 作者认为，地域和文化有什么关系？

读一读，试一试

1. 但一旦挪到了北方，就只能结出又苦又酸的枳。（一旦）

（1）他心理承受力（chéngshòu lì, the ability to withstand something）那么差，一旦高考落榜（luòbǎng, fail (in) an examination），怎么办呢？

（2）这是新电脑，赶紧装个杀毒软件吧。一旦_____，可就麻烦了。

（3）我一般不轻易作决定，但是_____。

（4）_____，一旦发生危险，附近跑都没地方跑。

---

⑦ 一方水土养一方人（yì fāng shuǐtǔ yǎng yì fāng rén）：The unique features of a local environment always give special characteristics to its inhabitants.

2. 表现最为明显的，莫过于本地人对待外地人的态度。（莫过于）

（1）有一句歌词说：世界上最远的距离莫过于我就在你面前，你却不知道我爱你。

（2）在我看来，你目前最重要的事＿＿＿＿＿＿＿＿＿＿＿＿。

（3）下雨天最愉快的事情，＿＿＿＿＿＿＿＿＿＿＿＿。

（4）这个世界上最珍贵的东西，＿＿＿＿＿＿＿＿＿＿＿。

词语练习

一、模仿例子说出更多的词语。

例：旁观者：<u>表演者</u>　<u>当局者</u>　<u>爱好者</u>

1. 违法：＿＿＿＿＿＿　＿＿＿＿＿＿　＿＿＿＿＿＿

2. 图书：＿＿＿＿＿＿　＿＿＿＿＿＿　＿＿＿＿＿＿

3. 强化：＿＿＿＿＿＿　＿＿＿＿＿＿　＿＿＿＿＿＿

4. 繁体字：＿＿＿＿＿＿　＿＿＿＿＿＿　＿＿＿＿＿＿

5. 重要性：＿＿＿＿＿＿　＿＿＿＿＿＿　＿＿＿＿＿＿

二、选择词语填空。

推说　包含　莫过于　歧视　不可思议　差异

1. 地域的（　　　　）往往会造成衣、食、住、行等文化的不同。

2. 求职过程中，性别（　　　　）的事件时有（shíyǒu, from time to time）发生，总体上看，女性就业比男性就业难。

3. 虽然她没说不行，但她的话已经（　　　　）了这个意思。

4. 外地人问路，你明明可以告诉他，却（　　　　）不知道，为什么？

5. 这场比赛输得太（　　　　）了，连对方都没有想到自己会赢。

6. 世界上最远的距离（　　　　）我就在你面前，你却不知道我爱你。

三、根据拼音写汉字，然后读一读，并说说这些词语的意思。

1. 文化的差别常常体现在 yǐnshí（　　　）的差异上。

2. 毛泽东说："没有调查就没有发言权。"意思是说，如果没有亲自去看看，就不能

　　随便下 jiélùn（　　　）。

3. 心理问题往往会成为成功与否的关键 yīnsù（　　　）。

4. 面对 méitǐ（　　　）对私人问题的提问，我不知道该怎么回答。

5. 学习一种语言，yǔgǎn（　　　）很重要，不一定非得弄明白某个语法点。

实用

招牌句

1. 旁观者清，当局者迷。

2. 你能举个例子吗？

3. 你的意思是说，……（你是说，……）

4. 各打五十大板。

5. 多挤点儿时间，多读点儿书。

6. 每座城市都有自己的文化特色。

大声读，背下来！

用一用，练一练

1. A：你觉得中国哪座城市最好？

　　B：_____，不能简单地说哪个好哪个不好。

2. A：北京有些地名儿真是奇怪！

　　B：_____？这样说太笼统（lǒngtǒng, general）了。

3. A：现在生活节奏那么快，每天都不知道自己在忙什么了。

　　B：不管多忙，都一定要_____，充实自己。

4. A：明天的考试，万事俱备，只欠东风[⑧]。

　　B：_____，都准备好了，就等明天考试了？

―――――――――

⑧ 万事俱备，只欠东风（wànshì jù bèi, zhǐ qiàn dōngfēng）：Everything else is ready except what is crucial.

5. A：有一句诗"不识庐山真面目，只缘身在此山中"，意思是正因为你在山中，所以不知道这座山真正的样子；只有站在山的外面，才能看清山的样子。

B：这就叫_____。

6. A：大卫说脏话（zānghuà, dirty words）当然不对，但话又说回来，你动手打人更不对。

B：你这叫_____。

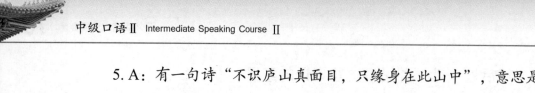

功能项目练习

34. 表示看不起、轻视

例：他有什么了不起的？自己缺点这么多，还看不起别人。

有什么了不起的；（某人）懂什么/知道什么

（1）大卫：昨天我让一个明星给我签名，他竟然拒绝了我。

王楠：<u>这人太看不起别人</u>，不签就不签呗！

（2）大卫：昨天有个同学说，古典名著其实比不上现在的畅销（chàngxiāo, sell well）书。

王楠：他<u>知道什么</u>，二者根本就不能相提并论⑨！

（3）大卫：王楠，昨天来找你那位是你什么人啊？男朋友？祝贺你！

王楠：你<u>懂什么？</u>，你就不能想点儿别的！

35. 估计

例：如果只是站在当局者的角度，恐怕就只能看到对方的缺点。

恐怕；大概；说不定；估计；<u>可能意味着</u>；听口气；看上去/听上去

---

⑨ 相提并论（xiāng tí bìng lùn）：mention different people or different things in the same breath

（1）**大卫**：你觉得明天会下雨吗？

王楠：<u>看上去会下雨</u>。

（2）**大卫**：明珠怎么还没来啊，她是不是把这事儿给忘了？

王楠：别着急，再等等，<u>她估计一会儿到</u>。

（3）**大卫**：昨天阿明说他对京剧不怎么感兴趣。

王楠：<u>可能意味着</u>他不想和我们一起去梨园剧场了。

36. 建议

例：我觉得，还是应该多读一些经典作品。

还是……；（某人）建议……；（某人）最好……；不妨；我有个主意，……；
能不能……

（1）王楠的弟弟要高考了，但他不确定报什么专业。大卫向他提出建议。

大卫：_____。

（2）**王楠**：明天有两个公司同时让我去面试，你说我该怎么办啊？

大卫：_____。

（3）大卫的同屋总是大声听音乐，影响大卫的学习和休息。大卫给他提出一个建议。

大卫：_____。

37. 列举

例：在长期的发展过程中，会形成多种表现形式，如语言、饮食、风俗、习惯、思
维方式，等等。

……，等等；……什么的；什么……呀/啦……呀/啦，……；一是……二是……

（1）**王楠**：大卫，你旅行包鼓鼓囊囊的，里面装的什么呀？

大卫：<u>都是小吃呀游戏什么的</u>。

（2）**王楠**：你觉得北京和上海有哪些差别？

大卫：<u>差别比较多如语言,饮食,等等</u>。

交际活动与任务

一 小组讨论。

两人一组进行讨论：

1. 请举一个"旁观者清，当局者迷"的例子。

2. 在你们国家，不同城市的人之间有互相歧视、排挤或批评的现象吗？分析一下其中的原因。并谈谈你的建议。

二 小组活动。

模拟本地人和外地人进行一场谈话。请两人一组，分角色好好谈一谈有关外地人和本地人之间的问题。尽量使用下面的词语和句式，并把对话内容写出来。

调查	媒体	强化	歧视	违法	你的意思是说，……
身份	繁忙	关键	对待	推说	你能举个例子吗
包含	差异	地域	因素	饮食	真是太不像话了
习惯	思维	平等	造成	难怪	多挤点儿时间，多读点儿书
看不起	莫过于	意识到			能谈谈您的看法吗
重要性	旁观者清，当局者迷				对不起，我想插一句，……

本地人：＿＿＿＿＿＿＿＿＿＿＿＿＿＿＿＿＿＿＿＿＿＿＿＿＿＿＿＿

外地人：＿＿＿＿＿＿＿＿＿＿＿＿＿＿＿＿＿＿＿＿＿＿＿＿＿＿＿＿

本地人：＿＿＿＿＿＿＿＿＿＿＿＿＿＿＿＿＿＿＿＿＿＿＿＿＿＿＿＿

外地人：＿＿＿＿＿＿＿＿＿＿＿＿＿＿＿＿＿＿＿＿＿＿＿＿＿＿＿＿

本地人：＿＿＿＿＿＿＿＿＿＿＿＿＿＿＿＿＿＿＿＿＿＿＿＿＿＿＿＿

外地人：＿＿＿＿＿＿＿＿＿＿＿＿＿＿＿＿＿＿＿＿＿＿＿＿＿＿＿＿

本地人：＿＿＿＿＿＿＿＿＿＿＿＿＿＿＿＿＿＿＿＿＿＿＿＿＿＿＿＿

外地人：＿＿＿＿＿＿＿＿＿＿＿＿＿＿＿＿＿＿＿＿＿＿＿＿＿＿＿＿

本地人：＿＿＿＿＿＿＿＿＿＿＿＿＿＿＿＿＿＿＿＿＿＿＿＿＿＿＿＿

外地人：＿＿＿＿＿＿＿＿＿＿＿＿＿＿＿＿＿＿＿＿＿＿＿＿＿＿＿＿

本地人：＿＿＿＿＿＿＿＿＿＿＿＿＿＿＿＿＿＿＿＿＿＿＿＿＿＿＿＿

外地人：＿＿＿＿＿＿＿＿＿＿＿＿＿＿＿＿＿＿＿＿＿＿＿＿＿＿＿＿

自主学习　日积月累

用汉字、拼音或你的母语，记下你觉得最有用的词语、句子、文化知识等。

11 城市让生活更美好

课文一 如果我是一个城市的市长

生 词 61

1. 主席	zhǔxí	（名）	chairman
2. 开发商	kāifāshāng	（名）	developer
3. 栏目	lánmù	（名）	column
4. 博客	bókè	（名）	blog
5. 奖励	jiǎnglì	（动）	encourage and reward with honor or money
6. 创意	chuàngyì	（名）	originality
7. 基金	jījīn	（名）	fund
8. 推荐	tuījiàn	（动）	recommend
9. 演讲	yǎnjiǎng	（动）	give a lecture; make a speech
10. 治理	zhìlǐ	（动）	manage; administer
11. 职责	zhízé	（名）	responsibility
12. 加强	jiāqiáng	（动）	strengthen
13. 沟通	gōutōng	（动）	communicate

课 文 62

如果你是一个城市的市长，你会怎么管理这个城市呢？很多事其实没有想象的那么简单，俗话说：说起来容易做起来难。不过，很多事不怕做不到，就怕想不到，因为只要想到了，我们就有了希望。

如果我是市长，我会努力让全市的房价降一降。哪怕再穷的老百姓也要让他有房子住。开发商把房子建好了，放在那儿卖不出去，多浪费啊！

如果我是市长，我一定在本市电视台开一个栏目《市长也是老百姓》，任何人都可以打电话进来，向我反映问题。我还会开一个博客，请市民在上面留言。这样，我就能很快地知道老百姓最关心的是什么。

如果我是市长，我会亲自去下面调查，看看老百姓的真实生活。

如果我是市长，我一定设立一个"市长天才①奖"，奖励那些有创意的孩子。此外，还要成立一个"市长基金"，以便帮助那些家里没钱的孩子。

如果我是市长，我会在全市开展一个"每月一本书"活动，每月向市民推荐一本好书，并请作者来我市演讲、交流、签名售书。

如果我是市长，我保证治理好"三差"：交通安全差、环境差、食品差，让我们的城市成为人见人爱的好地方。

如果我是市长，我会明确各个部门的职责，该怎么做就怎么做，并且加强部门之间的沟通和合作，提高工作效率，减少不必要的浪费。

总之，如果我是市长，我希望通过努力使每位市民都生活得开心、幸福！

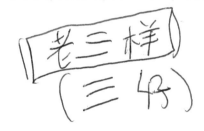

想一想，说一说

1. 课文中的市长打算做哪些事？
2. 如果你是市长，你最想做的是什么？

读一读，试一试

1. 此外，还要成立一个"市长基金"，以便帮助那些家里没钱的孩子。（以便）

（1）你们要先把材料准备好，以便上课时讨论。
（2）外出旅行，一定要带些常用药，以便_____。
（3）第一次去陌生的地方，最好买张地图带着，_____。
（4）_____，以便保护电脑免受病毒危害。

2. 我会明确各个部门的职责，该怎么做就怎么做。（怎么……怎么……）

（1）为了公平，你该怎么办就怎么办，不要在乎我的面子。

---

① 天才（tiāncái）：genius

（2）我们都听你的，＿＿＿＿＿＿＿＿＿＿＿＿。

（3）孩子们在这个游乐场，＿＿＿＿＿＿＿＿＿＿，不会有任何危险。（玩儿）

（4）你觉得怎么合适就怎么做，＿＿＿＿＿＿＿＿＿＿。

课文二　算了，我还是当普通老百姓吧

生　词　[63]

1. 理念	lǐniàn	（名）	idea; concept
2. 贷款	dàikuǎn	（名）	loan
3. 待遇	dàiyù	（名）	remuneration; salary or wages and other benefits
4. 退休	tuìxiū	（动）	retire
5. 对策	duìcè	（名）	countermeasure(s); way to deal with a situation
6. 破产	pòchǎn	（动）	go bankrupt

课　文　[64]

> 每个人都有自己的梦想，为了这个梦想，我们一直在努力。我的梦想是成为市长，建设一个人人喜爱的城市。现在我终于成了市长！

工作人员：请大家安静一下！今天，市长愿意和大家一起讨论我们的城市问题，并接受大家的提问。

记　　者：市长您好，非常感谢您今天召开这样一个见面会。

市　　长：大家好！我一直有一个理念，那就是让城市更美好，让生活更美好。今天和各位代表、各家媒体见面，就是想听听大家对政府以后工作的意见和建议。

铁路工人：市长先生，我是铁路工人代表。我们的工作太辛苦了，何况我都两个春节没回家了，政府能不能拿出更好的办法，解决春运问题？

市　　长：好，我一定会考虑。

打 工 族：市长您好。我是外来打工的，负责送牛奶。我们的工作其实很重要，没有我们每天的辛苦，就没有市民生活的方便和舒适。我们为这个城市工作，但我们的地位实在是太低，和一般市民的差别太大了，请提高我们的地位。

市　　长：好，我一定会考虑。

家庭妇女：您好。现在超市的东西真是越来越贵了，能不能把价格降下来啊？还有，孩子的教育费用太高了，房价也太高了，每月还完房子贷款，手里几乎就没什么钱了。

市　　长：好，我一定会考虑。

学　　生：市长您好。我们学生现在也太苦了吧？每天都在准备考试。我觉得我们的教育应该改革，真正的教育不应该是这样的。

市　　长：好，我一定会考虑。

的　　哥：市长您好。您看，我们出租车在城市交通中多重要啊。可我们的待遇太低了，我们挣的钱大部分都被公司拿走了。请关注一下我们这个群体[②]。

市　　长：好，我一定会考虑。

退休老人：市长您好。我们城市的交通太乱了，现在外出越来越没有安全感，过个马路心直跳！能不能把交通好好治理一下？

市　　长：好，我一定会考虑。

公司老板：市长先生，请问金融危机什么时候能过去？如果政府没有更有效的对策，我们公司怕是要破产了。

---

② 群体（qúntǐ）：group

市　　长：好，我一定会考虑。

公司职员：……

农　　民：……

……

市　　长：别说了别说了，我头都大了！算了，我不当市长啦，我还是当普
通老百姓吧！

（我醒了，原来是一个梦！）

想一想，说一说

1. 课文中的公司职员可能会说什么？

2. 课文中的农民可能会说什么？

3. 如果你是一个代表，你会问什么问题？

4. 市长最后为什么说"算了，我不当市长啦，我还是当普通老百姓吧"？

读一读，试一试

1. 我们的工作太辛苦了，何况我都两个春节没回家了，政府能不能拿出更好的办法，
解决春运问题？（何况）

（1）你去接她一下吧，这儿不好找，何况她又是第一次来。

（2）今天还是不去了吧，时间太晚了，＿＿＿＿＿＿＿＿＿＿。

（3）这本书的内容太有趣了，＿＿＿＿＿＿＿＿＿，还是买了吧。

（4）＿＿＿＿＿＿＿＿＿，何况他又不懂汉语，你陪他一起去吧。

2. 没有我们每天的辛苦，就没有市民生活的方便和舒适。（没有……就没有……）

（1）没有父母的支持就没有我的成功。

（2）＿＿＿＿＿＿＿＿＿，不要动不动就说压力太大了！

（3）"No pains, no gains."翻译成汉语是＿＿＿＿＿＿＿＿＿。

（4）没有你当初的帮助，就＿＿＿＿＿＿＿＿＿。

课文三　城市化的利与弊

生　词　65

1.	沉重	chénzhòng	（形）	heavy
2.	代价	dàijià	（名）	price; cost; (in a broader sense) at the expense of something
3.	负面	fùmiàn	（形）	negative
4.	消失	xiāoshī	（动）	disappear; vanish
5.	破坏	pòhuài	（动）	destroy
6.	牺牲	xīshēng	（动）	sacrifice; give up
7.	建筑	jiànzhù	（名）	building
8.	拆	chāi	（动）	demolish
9.	拥挤	yōngjǐ	（形）	crowded
10.	公共设施	gōnggòng shèshī		public facilities
11.	一无是处	yī wú shì chù	（成）	devoid of any merit

课　文　66

> 地球上，城市人口越来越多。据统计，现在全世界的城市人口已经远远超过了农村人口。城市化到底是利大于弊，还是弊大于利？

随着时代的发展，越来越多的地区被城市化。但世界范围内的城市化让我们付出了沉重的代价。

首先，城市化对我们的环境具有很大的负面影响。高楼大厦③、柏油④马路，让我们的绿地越来

---

③ 大厦（dàshà）：tall building

④ 柏油（bǎiyóu）：pitch

越少，农村正在消失，自然环境受到巨大的破坏。

其次，城市化让我们牺牲了一些特色古老建筑，上海的里弄⑤、北京的胡同和四合院就是活生生⑥的例子。随着古老的建筑被拆掉，一些传统文化也在消失。

第三，城市化改变了我们传统的生活方式。俗话说，远亲不如近邻⑦，现在的城市让我们每个人都很独立，以致都没有邻居的意识了。小时候的里弄、胡同里，男孩在踢球，女孩在跳绳，邻居们在聊天儿，现在却再也看不到了。

第四，城市的拥挤让我们承受了更大的压力。道路等城市公共设施受到挑战，卫生、安全等都是很令人头疼的问题。

那么，城市化是否真的一无是处呢？

想一想，说一说

请使用"首先……，其次……，第三……，第四……，……"谈谈城市化的"利"。

读一读，试一试

1. 据统计，现在全世界的城市人口已经远远超过了农村人口。（远远/大大/好好）

（1）这篇论文到底怎么写，应该好好考虑一下。

（2）自从买了这本词典，＿＿＿＿＿＿＿＿＿＿＿＿＿。

（3）这种汽车采用了新的技术，＿＿＿＿＿＿＿＿＿＿＿。

（4）＿＿＿＿＿＿＿＿＿＿＿＿，远远超出了我们的想象。

---

⑤ 里弄（lǐnòng）：lane

⑥ 活生生（huóshēngshēng）：living; real

⑦ 远亲不如近邻（yuǎnqīn bùrú jìnlín）：A close neighbor means more than a distant relative.

2. 现在的城市让我们每个人都很独立，以致都没有邻居的意识了。（以致）

（1）由于没有作充分的调查研究，以致得出了错误的结论。

（2）因为财产分配不公平，以致兄弟反目（fǎnmù, fall out），这种事不是没有。

（3）球员在场上踢球，双方动作太大，而裁判（cáipàn, referee）又睁一只眼闭一只眼⑧，_____。（场下球迷）

（4）_____，以致双方合作关系破裂（pòliè, break）。

词语练习

一、模仿例子说出更多的词语。

例：开发商： 经销商   零售商   供应商

1. 破产：_____ _____ _____

2. 沉重：_____ _____ _____

3. 贷款：_____ _____ _____

4. 效率：_____ _____ _____

5. 职责：_____ _____ _____

二、选择词语填空。

一无是处   推荐   退休   破产   治理   加强

1. 不要总觉得自己（   ），要充满信心，不断发现自己的优点。

2. 学校和家庭之间要多（   ）沟通，以便第一时间了解学生的心理变化。

3. 没想到一夜之间（yí yè zhī jiān, overnight）公司就（   ）了，我们都失业了。

4. （   ）以后，我要学学钓鱼，到处看看，好好享受工作之外的生活。

5. 发展经济的同时要保护好环境，一定不能走先污染后（   ）的路子。

6. 硕士毕业后，教授建议我继续读博士，还专门为我写了一封（   ）信。

---

⑧ 睁一只眼，闭一只眼（zhēng yì zhī yǎn, bì yì zhī yǎn）: turn a blind eye to something

三、根据拼音写汉字，然后读一读，并说说这些词语的意思。

1. 五口人住在那么 yōngjǐ（　　　）的小房子里，多难受啊。

2. 最近的海上原油泄漏（xièlòu, leak）给 shēngtài（　　　）环境造成了巨大的破坏。

3. 两代人之间，只要不断加强交流和 gōutōng（　　　），就不会出现严重的代沟问题。

4. 政府部门应该进一步提高工作 xiàolǜ（　　　），缩短（suōduǎn, shorten）手续办理时间。

5. 爱一个人，一定要付出 dàijià（　　　）吗？

实用
招牌句

1. 没有想象的那么简单。
2. 俗话说：说起来容易做起来难。
3. 不怕做不到，就怕想不到。
4. 好，我一定会考虑。
5. 头都大了。
6. 算了，我还是当普通老百姓吧。

大声读，背下来！

用一用，练一练

1. A：自己开车也麻烦，看到前面那么多车堵在路上，我＿＿＿＿＿＿＿＿＿＿。

　 B：那就别开车，试试骑自行车，要不就走路。

2. A：这只是我的一个想法，可能不现实。

　 B：＿＿＿＿＿＿＿＿＿＿，有想法比什么都好。

3. A：我们明天已经有三门考试了，文学课的考试能不能换一天啊？

　 B：＿＿＿＿＿＿＿＿＿＿＿＿。我和办公室商量一下，你们等办公室的通知吧。

4. A：其实，每件事都＿＿＿＿＿＿＿＿＿＿＿＿。

　 B：那倒是，中间常常有想不到的困难。

5. A：＿＿＿＿＿＿＿＿＿＿＿＿。

B：这话太对了。我一直对自己说每星期一定要读一本书，可每次都坚持不到三个
星期。

6. A：＿＿＿＿＿＿＿＿＿＿＿＿。当一名好市长真是太不容易了！

B：你不是一直有这个愿望吗？怎么打退堂鼓（dǎ tuìtánggǔ，give up）了？

功能项目练习

38. 保证

例：努力让全市的房价降一降，哪怕再穷的老百姓也要让他有房子住。

哪怕……也……；一定/保证/绝对……；既然……，就一定……

（1）王楠：大卫，麻烦你一件事，你下午去帮我排队买张火车票可以吗？务必买
到，不然春节我就回不了家了。

　　大卫：＿＿＿＿＿＿＿＿＿＿＿＿。

（2）王楠：我去考试了，买票的事儿全靠你了。

　　大卫：你就放心吧！＿＿＿＿＿＿＿＿＿＿＿＿。

39. 引起注意

例：请大家安静一下！

我说，（称呼），（某事）；那不是（某人）吗

（1）大卫：＿＿＿＿＿＿＿＿＿＿＿＿。

　　王楠：没问题，我下午就和旅行社联系。

（2）大卫：你看，＿＿＿＿＿＿＿＿＿＿＿＿。

　　王楠：还真是明珠，她什么时候回来的？

40. 表示顿悟、突然明白了

例：我醒了，原来是一个梦！

原来……/原来是这样/原来如此；怪不得/难怪……；我说呢，……；
我说怎么……

（1）王楠：上次没去，是因为房间里的自来水管坏了。我可想听那次演讲了。

　　大卫：＿＿＿＿＿＿＿＿＿＿＿＿＿＿＿＿＿＿＿＿＿＿＿＿＿＿＿。

（2）王楠：你知道老板上次为什么发脾气吗？原来会计把数据（shùjù, data,
　　　　　information）全弄错了。

　　大卫：＿＿＿＿＿＿＿＿＿＿＿＿＿＿＿＿＿＿＿＿＿＿＿＿＿＿＿。

（3）王楠：对不起，来晚了，路上堵了半个多小时。

　　大卫：＿＿＿＿＿＿＿＿＿＿＿＿＿＿＿＿＿＿＿＿＿＿＿＿＿＿＿。

41. 表示害怕

例：现在外出越来越没有安全感，过个马路心直跳！

心直跳；不敢……；一朝被蛇咬，十年怕井绳

（1）大卫：昨晚那个恐怖（kǒngbù, horror）片太吓人了。

　　王楠：是啊，＿＿＿＿＿＿＿＿＿＿＿＿＿＿＿＿＿＿＿＿＿＿＿。

（2）大卫：自从办公室被盗以后，他再也不把贵重东西放在办公室了。

　　王楠：这就叫＿＿＿＿＿＿＿＿＿＿＿＿＿＿＿＿＿＿＿＿＿＿＿。

交际活动与任务

一　小组讨论。

两人一组进行讨论：

1. 请你给所在大学的校长或所在学院的院长提五条建议。

2. 谈谈你所在城市的利与弊。

二 小组活动。

如果你是所在城市的市长，请现场回答各界代表的问题。两人一组进行对话，请尽量使用下面的词语和句式，并把对话内容写出来。

以致	保障	博客	公平	基金	没有想象的那么简单
住房	推荐	教育	承受	职责	说起来容易做起来难
加强	费用	部门	就业	沟通	不怕做不到，就怕想不到
效率	退休	治理	对策	代价	好，我一定会考虑
医疗	公共设施	贫富分化			头都大了

1. 你住在哪个城市？在这个城市中，有哪些阶层的代表？（请至少说出五个）

   _____

2. 这些来自不同行业的代表，最有可能关心什么问题？请分角色进行对话，一人扮演市长，一人扮演各个代表。

   市 长：_____

   代表1：_____

   市 长：_____

   代表2：_____

   市 长：_____

   代表3：_____

   市 长：_____

   代表4：_____

   市 长：_____

   代表5：_____

   市 长：_____

自主学习　日积月累

用汉字、拼音或你的母语，记下你觉得最有用的词语、句子、文化知识等。

12 低碳生活，从我做起

课文一　当"慢"成为难得的奢侈

生　词　67

1. 奢侈	shēchǐ	（形）	luxurious
2. 夸张	kuāzhāng	（形）	exaggerating; overstating
3. 亏	kuī	（动）	*used to indicate irony*
4. 想方设法	xiǎng fāng shè fǎ	（成）	do everything possible; try every means
5. 提倡	tíchàng	（动）	advocate
6. 剧烈	jùliè	（形）	strenuous

课　文　68

请别人吃饭，我们喜欢客气地说"请慢用"；吃完饭送客，我们也会礼貌地说"请慢走"。现在，这些话成了真正的客套，因为"慢"已经成为一种难得的奢侈。生活越来越快，工作越来越快……我们已经慢不下来了。

大卫：城市里的生活节奏真是太快了，连走路、吃饭都得加快速度。

王楠：这一点儿都不夸张。不久前，媒体公布的一项调查结果显示，过去十来年，人们的步行速度和用餐速度都加快了10%。

大卫：真叫人难以相信。其实汉语中的"忙"字很有意思，左边是"心"，右边是"亡"。

王楠：你的意思是说，太忙了，心就死了？亏你想得出来。

大卫：我觉得，这种解释再合适不过了。总觉得网络还不够快、前面的车怎么这么慢、收银台排的队太长……一切都跟"快"联系在一起，好像

141

在比赛。

王楠：其实，现在也有很多人想方设法不让自己快起来。

大卫：这不可能，除非他不生活在这个社会上。

王楠：你知道吗？有这样一个群体，他们提倡放慢生活节奏，慢慢购物、慢慢休闲、慢慢运动、慢慢阅读……，让精神和身体都得到放松。

大卫：要是我也能这样生活，该多好啊！

王楠：他们反对汽车，提倡走路；反对快餐，提倡自己动手；反对剧烈运动，提倡太极拳、瑜伽①。你能做到吗？

大卫：只要能让生活慢下来，我就能做到，我现在就常常走路，练太极拳。

王楠：其实，让生活节奏慢下来，有很多方法。

大卫：你能再说几种吗？

王楠：关手机，把生活和工作分开；关电脑、关电视，也能节省很多时间。

大卫：你说得一点儿都不错，电脑和电视最浪费时间了。

王楠：有人管以这种方式生活的人叫"慢活族"。

大卫：以后，我也做"慢活族"。

想一想，说一说

1. 请简单概括"慢活族"的生活方式。

2. 如果你是"慢活族"，你认为还有哪些方法可以让生活节奏慢下来？

读一读，试一试

1. 你的意思是说，太忙了，心就死了？亏你想得出来。（亏）

（1）连这个字都不认识，亏你还是搞文字研究的。

（2）这种男朋友，你生病他都不来看你，＿＿＿＿＿＿＿＿＿！

（3）＿＿＿＿＿＿＿＿＿＿＿，你怎么能欺骗我呢？

（4）亏他还是校长呢，＿＿＿＿＿＿＿＿＿。

---

① 瑜伽（yújiā）：yoga

2. 有人管以这种方式生活的人叫"慢活族"。（以）

（1）在昨天的校庆大会上，前校长也以校友的身份发了言。

（2）那天，你＿＿＿＿＿＿＿＿＿＿拒绝他的？（理由）

（3）＿＿＿＿＿＿＿＿＿＿，她不生气才怪呢！（态度）

（4）这件事你应该以某种合适的方式告诉他们，＿＿＿＿＿＿＿＿＿。

课文二　其实，我早就有这个愿望

生　词　69

1. 天使	tiānshǐ	（名）	angel
2. 脸蛋	liǎndàn	（名）	face
3. 魔鬼	móguǐ	（名）	devil
4. 名利场	mínglìchǎng	（名）	vanity fair; place where people pursue fame and wealth
5. 无限	wúxiàn	（形）	unlimited
6. 模特	mótè	（名）	model
7. 唯独	wéidú	（副）	only; alone
8. 驳	bó	（动）	refute; rebut
9. 时装	shízhuāng	（名）	fashionable dress; latest fashion
10. 禁忌	jìnjì	（名）	taboo
11. 淘汰	táotài	（动）	eliminate through selection or competition
12. 节食	jiéshí	（动）	be on diet
13. 肠胃	chángwèi	（名）	intestines and stomach

课文

> 天使的脸蛋，魔鬼的身材，名利场上风光无限，作为超级知名模特，要什么有什么，却唯独没有幸福。听听记者对名模的采访。

记者：您现在还做模特吗？

名模：只是偶尔做做，一般都是朋友找我帮忙，不好驳朋友的面子②。

记者：今天我们想了解一下模特这个让人羡慕的行业，所以对您作一个专访。

名模：谢谢。其实，我早就有这个愿望，让更多的人了解我们这个行业。

记者：您从事模特这个行业，前后有多长时间？

名模：差不多10年吧。

记者：现在还怀念那段生活吗？

名模：表面是鲜花、掌声、名牌时装、羡慕的目光，其实很少有人了解背后的酸甜苦辣。

记者：您能举几个例子说说吗？

名模：首先，模特这个职业是有争议的，我们所做的，大家未必都认可。

记者：对。例如有人就很难接受人体模特，认为人体模特行走在传统和禁忌之间，您同意这种看法吗？

名模：首先，我觉得还是思想的问题，人们并没有真正了解这个行业。其次，做模特可能就得作好挨批挨骂的准备，因为不是每个人都能理解你。其实，模特的生活是很苦的。

记者：您是说工作很累吗？

名模：那倒不是。作为模特，你一定不能发胖，一旦发胖，那就是你的"世界末日"。

---

② 驳……的面子（bó……de miànzi）：offend somebody

记者：您是说会被淘汰？

名模：是的。为了保持体形，我们必须节食，我的肠胃就是这样搞坏的。

记者：这个代价可够大的。

名模：看着模特迈着优美的猫步走来走去，没人知道我们为此付出了多少汗水。

记者：不过，付出没有白费，你们还是把美展示给了世界。

名模：也许吧。

记者：谢谢您接受我们的采访。最后，您能再对观众说一句话吗？

名模：好。希望越来越多的人能真正理解模特这个行业。

▌想一想，说一说

1. 除了时装模特，你还知道哪些模特？

2. 怎么理解模特背后的酸甜苦辣？

3. 为什么说"人体模特行走在传统和禁忌之间"？

▌读一读，试一试

1. 作为超级知名模特，要什么有什么，却唯独没有幸福。（……什么……什么）

（1）我们现在要什么没什么，怎么结婚啊？

（2）你想去什么地方我们就去什么地方，反正有两个星期的婚假呢。

（3）今天我请客，大家_____，千万不要客气。

（4）_____，你说什么就是什么。

2. 不过，付出没有白费，你们还是把美展示给了世界。（白/白白）

（I）

（1）这个东西你白给我都不要。

（2）这样的活动好，除了自己买机票外，白吃白住，一分钱不用花。

（3）你看，名牌儿，才100块，差不多_____了。

（4）超市正搞店庆，只要办张会员卡就白送100块钱购物券，_____。

（Ⅱ）

（5）这件衣服她去上海也没买到，又白跑了一趟。

（6）这样等下去，简直就是白白浪费时间，她一定不会再来了。

（7）这件衣服根本就穿不了，＿＿＿＿＿＿＿＿＿＿＿＿＿＿。

（8）你们没有白花时间，＿＿＿＿＿＿＿＿＿＿＿＿＿＿。

课文三　低碳生活，从我做起

生　词　71

1. 碳	tàn	（名）	carbon
二氧化碳	èryǎnghuàtàn	（名）	carbon dioxide
2. 衡量	héngliáng	（动）	measure; judge
3. 排放	páifàng	（动）	emit
4. 拔掉	bádiào	（动）	pull out
5. 举手之劳	jǔ shǒu zhī láo	（成）	lift a finger
6. 手帕	shǒupà	（名）	handkerchief
7. 塑料袋	sùliàodài	（名）	plastic bag
8. 程序	chéngxù	（名）	program
9. 硬盘	yìngpán	（名）	hard disc
10. 调	tiáo	（动）	make a machine produce more or less heat, sound, etc.
11. 桶	tǒng	（名）	barrel; bucket
12. 水龙头	shuǐlóngtóu	（名）	faucet; (water) tap
13. 熄火	xīhuǒ	（动）	(of an engine) go dead
14. 浴室	yùshì	（名）	bathroom; shower room
15. 浴缸	yùgāng	（名）	bathtub
16. 马桶	mǎtǒng	（名）	nightstool
17. 烘干	hōnggān	（动）	dry, heat or cook (something) by fire or with steam

课 文 72

低碳生活需要转变生活方式。当你的生活不再用"花了多少钱"来衡量，而是以"排放了多少二氧化碳"来计算，这就是低碳生活。低碳就在你身边，低碳是一种时尚，更是一种态度。

气候变化无常，低碳生活成了时髦的生活方式。低碳生活不是一句空话，低碳生活就在我们身边。低碳并不意味着放弃享受生活，只是提倡多节约、少浪费。我们可以：

（一）离开房间时，请随手关灯、关闭电器开关、拔掉插头，对你来说，这是举手之劳；少坐电梯多爬楼梯，省下大家的电，换来自己的健康。

（二）每张纸都双面打印，相当于保留下一半的森林不被砍掉；拿起手帕，少用纸巾，保护森林。

（三）少用塑料袋：一个塑料袋只有5毛钱，但它造成的污染可能是5毛钱的50倍。

（四）拒绝使用一次性牙刷、一次性筷子、一次性纸杯……因为制造它们所使用的石油也是一次性的。

（五）没必要一进门就把所有的灯打开，人类发明电灯至今不过130年，之前的几千年人们也过得不错。

（六）关掉不用的电脑程序，减少硬盘工作量，既省电也能保护电脑；如果只用电脑听音乐，显示器可以调暗，或者干脆关掉。

（七）少开私家车；用桶盛水洗车，只是用水龙头冲洗用水量的1/8；如果堵车的队伍太长，还是先熄火，安心等会儿吧。

（八）完美的浴室未必要有浴缸；已经安了，未必每次都用；已经用了，请用剩下的水冲洗马桶；洗个澡用掉四五十升③水，不要这么浪费。

（九）烘干真的很必要吗？与其烘干费电，不如多让你的衣服晒晒太阳。

总之，节水、节电、节气、节油……当你做到时，低碳生活就在身边！

（选自网络）

---

③ 升（shēng）：liter

想一想，说一说

1. 你觉得还有哪些低碳生活方式？

2. 说说你的低碳生活计划。

读一读，试一试

1. 每张纸都双面打印，相当于保留下一半的森林不被砍掉。（相当于）

 （1）美国等国家的总统，相当于中国的国家主席。

 （2）物价飞涨，现在的1000块钱，＿＿＿＿＿＿＿＿＿＿＿＿。

 （3）这个公园太大了，＿＿＿＿＿＿＿＿＿＿＿＿。

 （4）这个价格都相当于送给你了，＿＿＿＿＿＿＿＿＿＿。

2. 与其烘干费电，不如多让你的衣服晒晒太阳。（与其……不如……）

 （1）对待工作，与其看得容易些，不如看得困难些。

 （2）我们与其在这里纸上谈兵④，＿＿＿＿＿＿＿＿＿＿＿。

 （3）世上没有救世主（jiùshìzhǔ, Messiah; God），＿＿＿＿＿＿＿＿＿＿＿，不如自己想想办法。

 （4）与其急急忙忙地开一个准备不足的讨论会，＿＿＿＿＿＿＿＿＿＿。

词语练习

一、模仿例子说出更多的词语。

 例：显示器：<u>吸尘器</u>　　<u>加速器</u>　　<u>散热器</u>

 1. 拔掉：＿＿＿＿＿　＿＿＿＿＿　＿＿＿＿＿

 2. 烘干：＿＿＿＿＿　＿＿＿＿＿　＿＿＿＿＿

 3. 时装：＿＿＿＿＿　＿＿＿＿＿　＿＿＿＿＿

 4. 浴室：＿＿＿＿＿　＿＿＿＿＿　＿＿＿＿＿

 5. 塑料袋：＿＿＿＿＿　＿＿＿＿＿　＿＿＿＿＿

---

④ 纸上谈兵（zhǐ shàng tán bīng）：be an armchair strategist

二、选择词语填空。

举手之劳　想方设法　淘汰　奢侈　熄火　时髦

1.上世纪80年代，很多女孩子为了赶（　　　　　），争相穿迷你裙（mínǐqún, miniskirt）。

2.我是新手，开车常常（　　　　　），常常是越着急越开不起来。

3.不要那么客气，对我来说是（　　　　　）的事，没费什么事儿。

4.这种电脑早就（　　　　　）了，这种零件也不再生产了。

5.高考临近，学校正（　　　　　）为学生减压，提倡学生放慢学习节奏、听听音乐、适量运动。

6.现在，一些中学生全身上下都是名牌，而且互相攀比（pānbǐ, compare (with each other socially)），有人说已经进入"（　　　　　）时代"。

三、根据拼音写汉字，然后读一读，并说说这些词语的意思。

1.《2012》这部电影也拍得太 kuāzhāng（　　　）了吧！

2.食堂的墙上挂着一块牌子：tíchàng（　　　）节俭，反对浪费。

3.这个台最近老不清楚，你 tiáo（　　　）一下吧，世界杯就要开始了，别耽误看球。

4."今天你 dītàn（　　　）了吗？"，这句话已经差不多成为流行语了。

5.雷锋⑤曾经说："我要把有限的生命投入到 wúxiàn（　　　）的为人民服务中去。"

实用
招牌句

1.真叫人难以相信。

2.亏你想得出来。

3.不好驳……的面子。

4.我早就有这个愿望。

5.要什么有什么。

6.……不是一句空话。

 大声读，背下来！

---

⑤ 雷锋（Léi Fēng）：(1940～1962) a selfless and modest soldier of the People's Liberation Army in the People's Republic of China

用一用，练一练

1. A：节能减排⑥ ＿＿＿＿＿＿＿＿＿＿＿，应该有实实在在的行动。

   B：现在我每星期都少开一天车，不就是行动嘛！

2. A：这种损人不利己的主意，＿＿＿＿＿＿＿＿＿＿＿！

   B：唉，我也是没有办法。

3. A：如果有机会，你愿意继续深造⑦吗？

   B：李老师，不瞒（mán, hide the truth from）您说，＿＿＿＿＿＿＿＿＿＿＿。

4. A：现在的孩子太舒服了，＿＿＿＿＿＿＿＿＿＿，想想我们那会儿，有什么呀？

   B：时代不一样了，你不能老拿现在和过去比。

5. A："古典名著比不上现在的畅销书"这句话居然出自一个教授之口，＿＿＿＿＿＿＿＿
   ＿＿＿＿＿＿＿＿＿＿＿。

   B：真不知他是怎么想的。

6. A：这种事情，你怎么能轻易答应呢？

   B：都是朋友，我＿＿＿＿＿＿＿＿＿。

功能项目练习

42. 表示不相信

例：这不可能，除非他不生活在这个社会上。

这不可能；（某人）不相信/才不信呢；（某人）说得跟真的一样；这种话谁信啊

（1）**王楠**：我下个月要结婚了，你送我什么礼物啊？

   大卫：＿＿＿＿＿＿＿＿＿＿＿＿，连男朋友都没有，还结婚呢！

（2）**大卫**：昨天我收到一条手机短信，说我中了10万元大奖。

   王楠：＿＿＿＿＿＿＿＿＿＿＿＿，可别上当！

---

⑥ 节能减排（jiénéng jiǎn pái）：energy saving and emission reduction

⑦ 深造（shēnzào）：pursue higher education

43. 表示希望

例：要是我也能这样生活，该多好啊！

该多好啊/能……就好了；（某人）希望/渴望/恨不得/巴不得；（某人）真想……

（1）王楠：终于考完试了，明天可以彻底放松了。

　　大卫：是啊，我已经买了去黄山的火车票，＿＿＿＿＿＿＿＿＿＿＿＿＿＿。

（2）大卫：王楠，听说你奶奶病了是吗？

　　王楠：是啊，＿＿＿＿＿＿＿＿＿＿＿＿＿＿。

（3）王楠：昨天去我朋友家，他的房子不错吧！

　　大卫：很不错，＿＿＿＿＿＿＿＿＿＿＿＿。

44. 表示愿意/不愿意

例：其实，我早就有这个愿望，让更多的人了解我们这个行业。

我早就有这个愿望；愿意（做某事）；不愿意（做某事）；当然可以；不想干

（1）王楠：大卫，我们周末去做志愿者吧。

　　大卫：＿＿＿＿＿＿＿＿＿＿＿＿＿＿。

（2）王楠：听说，明天大学生活动中心门口有名人签名售书，我们去看看吧。

　　大卫：＿＿＿＿＿＿＿＿＿＿＿＿，明天一定要买本他的书。

45. 开始话题

例：有人说，人体模特行走在传统和禁忌之间，你同意这种看法吗？

有人说……；好久不见，怎么样；最近忙什么呢；我听说……，你对这事怎么看

（1）大卫：＿＿＿＿＿＿＿＿＿＿＿＿＿＿。

　　王楠：这个杂志社整天追着我要稿子，今天终于写完发给他们了。

（2）大卫：＿＿＿＿＿＿＿＿＿＿＿＿＿＿。

　　王楠：蚁族（yǐzú, ant tribe）啊，这个问题很复杂，不是一两句话能说清楚的。

交际活动与任务

一　小组讨论。

两人一组进行讨论：

1. 请为低碳生活创作一组公益（gōngyì, public welfare）广告宣传（xuānchuán, advertise）用语。

2. 有人说，低碳是个人的生活习惯问题，和政府无关。谈谈你对这种观点的看法。

二　小组活动。

设计"慢活族"和"忙活族"的一次对话，请尽量使用下面的词语和句式。两人一组进行，并把对话内容写出来。

奢侈　节奏　夸张　比赛　提倡	真叫人难以相信
淘汰　放松　时髦　维护　熄火	亏你想得出来
效率　速度　享受　生活　时尚	我早就有这个愿望
低碳　放慢　劳累　走路　环境	……不是一句空话
生活方式　忙忙碌碌　想方设法	这不可能，除非……
剧烈运动　举手之劳	……该多好啊
	管……叫……

慢活族：_____

忙活族：_____

慢活族：_____

忙活族：_____

慢活族：_____

忙活族：_____

慢活族：_____

忙活族：_____

慢活族：_____

忙活族：_____

慢活族：_____

忙活族：_____

自主学习　　日积月累

　　用汉字、拼音或你的母语，记下你觉得最有用的词语、句子、文化知识等。

13 虚拟时代，一切皆有可能

课文一　你会选择无纸化阅读吗

生　词　73

1. 问世	wènshì	（动）	appear
2. 即将	jíjiāng	（副）	soon; (be) about to
3. 打破	dǎpò	（动）	break; smash
4. 搜索	sōusuǒ	（动）	search
5. 屏幕	píngmù	（名）	screen
6. 疲劳	píláo	（形）	tired; fatigued
7. 液晶	yèjīng	（名）	liquid crystal
8. 气息	qìxī	（名）	atmosphere
9. 格式化	géshìhuà	（动）	format
10. 记载	jìzǎi	（动）	put down in writing; record

课　文　74

电脑刚刚问世的时候，人们觉得"无纸化办公"时代即将到来，办公室再也用不着各种纸质表格和文件了。但是这种梦想很快被打印机打破了，办公室的纸张不但没有减少，反而增加了。无纸化生活真的无望了吗？

大卫：你会选择无纸化阅读吗？

王楠：完全选择无纸化阅读，不太可能。

大卫：你看，无纸化阅读多方便啊！查找信息、资料就像用百度①搜索一样简单。

---

① 百度（bǎidù）：A Chinese company that provides the world's largest Chinese language search engine service. It was established in 2000 and headquartered in Beijing.

154

王楠：是的，我比较喜欢用阅读器阅读，最近下载了一本《中国哲学简史》。

大卫：很方便吧，不用翻来翻去的。

王楠：可是，长时间盯着屏幕看，很容易造成眼睛疲劳，视力下降。

大卫：这个不是问题，现在都是液晶显示器，对视力影响很小。看纸质书时间长了，眼睛也会不舒服啊。

王楠：看来，你很喜欢无纸化阅读。

大卫：不错。很多内容都存在电脑硬盘上，一点儿不占空间。

王楠：不过，纸质书的文化气息是电子书永远都不能取代的。喜欢藏书的人，恐怕很难接受无纸化。

大卫：不错，无纸化刚刚流行时，是有很多人反对。但现在，人们渐渐感受到电子书的魅力了。

王楠：其实，无纸化还有一个安全问题。如果硬盘一下子被格式化了，人类几千年的文明记载就全丢了。所以，还是纸质书比较安全。

大卫：这种可能性太小了。其实，纸质书也不是百分之百的安全。

王楠：那倒是，不过让人们普遍接受无纸化阅读，恐怕还需要一段时间。

大卫：我觉得这是早晚的事儿。

王楠：对不起，我该走了。我和朋友约好了一会儿见面。

大卫：好的，拜拜！

王楠：拜拜！

想一想，说一说

1. 大卫认为无纸化阅读的优点是什么？

2. 请说出3～5个纸质化阅读的优点。

读一读，试一试

1. 人们觉得"无纸化办公"时代即将到来，办公室再也用不着各种纸质表格和文件了。

（再也……）

（1）她明天一大早就出发，看来，今后我再也见不到她了。

（2）自从那家饭馆搬走以后，＿＿＿＿＿＿＿＿＿＿＿＿＿。

（3）随着城市化的不断加剧（jiājù, aggravation），＿＿＿＿＿＿＿＿＿＿＿＿。

（4）＿＿＿＿＿＿＿＿＿＿＿＿＿，我们再也没有说过一句话。

2. 办公室的纸张不但没有减少，反而增加了。（不但……反而/反倒……）

（1）他最近搬了家，离单位更远了。可是他不但不迟到，反而比以前来得更早了。

（2）我们帮了她那么大的一个忙，她不但不说声谢谢，＿＿＿＿＿＿＿＿＿＿。

（3）天气预报说，今天风会停。可是你看，＿＿＿＿＿＿＿＿＿＿＿。

（4）＿＿＿＿＿＿＿＿＿＿＿，不但不能解决问题，反倒会把事情弄得更糟。

课文二　我迷上了网上购物

生　词　75

1. 快捷	kuàijié	（形）	speedy
2. 足不出户	zú bù chū hù	（成）	keep indoors
3. 把握	bǎwò	（名）	assurance
4. 付款	fùkuǎn	（动）	pay a sum of money
5. 快递	kuàidì	（名）	express delivery
6. 随时	suíshí	（副）	at any time
7. 限制	xiànzhì	（名）	restriction

课　文　76

足不出户，在家"逛商店"，省去来回劳累之苦，方便快捷。时下，网上购物已经成为一种时尚的消费方式。

王楠：最近，我迷上了网上购物。

大卫：你怎么会喜欢这种消费方式呢？我从来不相信网上的东西。

王楠：大卫，话不能这么说。难道你觉得网上的东西一点儿都不能信吗？

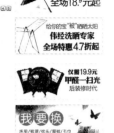

大卫：一些新闻还可以看看，但在上面买东西，我不放心。

王楠：和传统购物方式相比，你不觉得网购更方便吗？足不出户，就能买到价格便宜、质量不错的东西，多好啊。

大卫：在网上买东西，你看到的只是照片，质量有保证吗？

王楠：质量不好，可以选择退换货啊。

大卫：我心里没底，觉得不如去商场退换放心。还有，如果付了钱，商品收得到收不到，谁说得准！

王楠：如果没有把握，你可以选择货到付款啊。

大卫：但很多网站都是款到才发货，最后由快递公司送货上门。

王楠：那就选择专业购物网站。

大卫：那你觉得哪些网站比较靠得住？

王楠：淘宝网、当当网，都是比较有名的网上购物商城，肯定不会有问题。上面什么东西都有，够你挑半天的！

大卫：你有把握吗？要不，改天我也试试。

王楠：肯定没问题，随时都可以。网络购物没有任何时间限制，多方便啊！

大卫：我要找一家货到付款的。

王楠：当当网就可以。我常常在那儿买书，而且还打折。

大卫：我正需要一本新版的《现代汉语词典》。

王楠：你先试试再说。我相信，你一定也会迷上网上购物的！

| 想一想，说一说

请说说网上购物的优点和缺点。

读一读，试一试

1. 上面什么东西都有，够你挑半天的！（够……的（了））

　（1）今天天气真够热的，开空调都不怎么管事儿。

　（2）这些孩子们天天学习＿＿＿＿＿＿＿＿＿＿，应该让他们好好放松放松。

　（3）出了这种事儿，＿＿＿＿＿＿＿＿＿＿，不要再责怪（zéguài, blame）他了。

　（4）我们的工作已经够多的了，＿＿＿＿＿＿＿＿＿＿。

2. 你先试试再说。我相信，你一定也会迷上网上购物的！（先……再说）

　（1）到底好不好，我说了不算，你先看看再说。

　（2）别着急，饭菜快凉了，＿＿＿＿＿＿＿＿＿＿。

　（3）这种点心好吃不好吃，＿＿＿＿＿＿＿＿＿＿，省得买了后悔。

　（4）＿＿＿＿＿＿＿＿＿＿，我先试穿一下再说，别买回去不合适。

课文三　虚拟时代，一切皆有可能

生词　77

1. 虚拟	xūnǐ	（形）	virtual
2. 狂喜	kuángxǐ	（形）	wild with joy
3. 无动于衷	wú dòng yú zhōng	（成）	aloof and indifferent
4. 双刃剑	shuāngrènjiàn	（名）	double-edged sword
5. 笼罩	lǒngzhào	（动）	shroud
6. 淡出	dànchū	（动）	fade out
7. 浏览	liúlǎn	（动）	look through
8. 玩耍	wánshuǎ	（动）	play
9. 引人注目	yǐn rén zhùmù	（成）	eye-catching
10. 品味	pǐnwèi	（动）	taste; savor
11. 沉迷	chénmí	（动）	addict
12. 牢骚	láosāo	（名）	complaint

13. 不能自拔　bù néng zìbá　　（成）　cannot free oneself (from pain or evildoing)

14. 论坛　　　lùntán　　　　（名）　forum

课 文　78

无论接受与否，我们都已经走进虚拟时代。有人狂喜，有人担忧，却没有人能无动于衷。作为一把双刃剑，虚拟时代使得一切皆有可能。

一切都变得摸不着了。电子邮件代替了手写信，打电话代替了见面，网页代替了报纸杂志，网购代替了商场购物……我们的生活好像被一张无形的大网笼罩着，有人称，我们正在走进虚拟时代。

喝着茶面对面聊天儿的日子一去不复返了，因为我们有了网聊。报纸、杂志和书籍好像渐渐淡出了视线，因为我们有了可浏览的网页、电子书。学生可以不用再坐在教室里上课，因为我们有了网上远程教育系统，只要你想学习，随时随地都可以。孩子们不用在空地上玩耍，因为我们有了网络游戏。我们不用再在本子上写东西、创作，因为我们有了博客。商业往来不用再面对面，因为我们有了电子商务。草根②若想成名，只需要你点一下鼠标③，你就有可能成为网络红人。但是，如果有人想搞破坏，也不再需要暴力，因为有了黑客。

有一个引人注目的大广告牌，上面写着：走近自然，品味人生。然而我们很多人却并没有真正走近自然，而是走向了另一个虚拟世界：网络。媒体在不断报道由于沉迷网络而发生的各种故事。我们不得不承认，网络给我们带来巨大方便的同时，也给我们带来了生活的黑洞④。每天都有更多的人因沉迷网络而走不出来，也许，他们只是因一时情绪低落而上来发牢骚，但最后却不能自拔。这是一种迷失⑤，这种迷失无声无息，以至他们在下意识里忘记了时间和空

---

② 草根（cǎogēn）：grass roots

③ 鼠标（shǔbiāo）：mouse

④ 黑洞（hēidòng）：dark hole

⑤ 迷失（míshī）：get lost

间，忘记了亲情和友情，忘记了爱情和婚姻。

一个时代产生了，但一种精神正在消失。在这个虚拟的世界中，很多人都被固定在三个点上：游戏、聊天、论坛。

我们应该醒来了，应该意识到当我们关上电脑，除了眼前的黑色屏幕，什么都没有。

（选自网络）

想一想，说一说

1. "双刃剑"是什么意思？请举例说明。

2. 简单概括文中虚拟时代发生的事情。

3. 你觉得在虚拟时代还会发生什么？

读一读，试一试

1. 每天都有更多的人因沉迷网络而走不出来，也许，他们只是因一时情绪低落而上来发牢骚，但最后却不能自拔。（因……而……）

（1）他是个比较内向的人，大会发言时，常常因害羞而满面通红。

（2）你_____，千万不能因工作受到挫折而丧失信心。

（3）一个中学生因不满父母的唠叨而离家出走，_____。

（4）墙上贴着一张通知：_____，可以延期一天报到。

2. 这种迷失无声无息，以至他们在下意识里忘记了时间和空间，忘记了亲情和友情，忘记了爱情和婚姻。（以至/以至于）

（1）这本书我已经读了不下百遍，以至许多段落（duànluò, paragraph）都能背下来了。

（2）现代科技发展太迅速了，_____。

（3）过去那么多年了，我对这张照片没什么印象了，_____。

（4）_____，以至耽误了正事（zhèngshì, proper business），把这件事给忘了。

词语练习

一、模仿例子说出更多的词语。

例：无纸化：<u>电气化</u>　　<u>全球化</u>　　<u>规范化</u>

1. 沉迷：_____　_____　_____

2. 狂喜：_____　_____　_____

3. 打破：_____　_____　_____

4. 屏幕：_____　_____　_____

5. 记载：_____　_____　_____

二、选择词语填空。

即将　　笼罩　　淡出　　记载　　无动于衷　　不能自拔

1. 雾气（　　　　　）着整个城市，这种桑拿天闷得人透不过气来。

2. 随着MP3、MP4等强大功能播放器的产生，Walkman（随身听）已渐渐（　　　　　）人们的视线（shìxiàn, line of sight）。

3. （　　　　　）上演的这部影片，不是灾难片，是爱情片。

4. 儒家（Rújiā, the Confucian school）作为一个高度关注社会的学派（xuépài, school; school of thought），不可能对经济生活中的不平等现象（　　　　　），所以孔子说，社会"不患寡而患不均[6]"。

5. 网络游戏让他（　　　　　），后来干脆连课也不去上了。

6. 据史书（　　　　　），"金陵"和"江宁"都曾是南京市的旧称。

三、根据拼音写汉字，然后读一读，并说说这些词语的意思。

1. 你整天在这儿发 láosāo（　　　　）有什么用啊？得想想办法解决问题。

2. 这件事你到底有没有 bǎwò（　　　）？

---

[6] 不患寡而患不均（bú huàn guǎ ér huàn bù jūn）：The trouble lies not in scarcity, but in uneven distribution.

3. 他读大学时，曾两次 dǎpò（　　　）学校的百米短跑纪录。

4. 啃老族 chénmí（　　　）于网络，也是他们不争气的原因之一。

5. 有学者指出，有些 sōusuǒ（　　　　　）网站动不动公布个人信息，已经侵犯了他人的隐私。

实用

招牌句

1. 这个不是问题。

2. 这种可能性太小了。

3. 我觉得这是早晚的事儿。

4. 话不能这么说。

5. 你有把握吗？（你有多大把握？）

6. 我迷上了……

大声读，背下来！

用一用，练一练

1. A：他们俩在一起好多年了，怎么还不结婚啊？

B：别担心，＿＿＿＿＿＿＿＿＿＿，说不定今年就结了。

2. A：最近，＿＿＿＿＿＿＿＿＿＿。

B：摇滚乐？那么乱你也喜欢？

3. A：＿＿＿＿＿＿＿＿＿＿？

B：如果运气好，我觉得百分之百能够成功。

4. A：这是个冷门专业，学这个没什么用，毕了业连个工作都找不着。

B：＿＿＿＿＿＿＿＿＿＿，学好了肯定有用。

5. A：听说你的银行卡被人在网上刷了300块钱，是真的吗？

B：是啊，我以前觉得＿＿＿＿＿＿＿＿＿＿，没想到会发生在我身上。

6. A：这个教室的电脑、投影（tóuyǐng, projection）等设备都很先进，就是椅子坐着有点儿不舒服。

B：＿＿＿＿＿＿＿＿＿＿，我们已经开始着手更换了。

功能项目练习

46. 退出交谈

例：对不起，我该走了。我和朋友约好了一会儿见面。

对不起，我该走了；我有点儿事儿，失陪了；你们谈着，我出去一下；
你们谈，我还有点儿事儿，先走一步

大卫、王楠在谈论低碳和环保问题，王楠要走了。

王楠：_____。

大卫：你去忙吧，我再坐会儿。

47. 表示有把握/没有把握

例：我心里没底，觉得不如去商场退换放心。

肯定/一定……；心里有数儿/心里有谱儿
没底/没数儿；恐怕/未必；很难说/不好说；拿不准/说不准；一半的把握/百分
之五十的把握

（1）**大卫**：你觉得李老师会来吗？

  王楠：放心吧，_____。

（2）**大卫**：你觉得李老师会来吗？

  王楠：_____，但愿他能来。

48. 纠正

例：大卫，话不能这么说。难道你觉得网上的东西一点儿都不能信吗？

话不能这么说；不一定吧；你说得不对；哪像你说的那样

（1）**大卫**：我说啊，凡是找不着工作的，都是那些不想离开城市的人。

  王楠：_____，能在大城市工作，谁想去农村啊？

（2）王楠：我就看不惯那些月光族，每个月都把钱花光，以后怎么办啊？

大卫：＿＿＿＿＿＿＿＿＿＿＿，月光族也存钱，只是存得比较少罢了。

49. 表示信任/不信任

例：一些新闻还可以看看，但在上面买东西，我不放心。

（某人）靠得住；信得过（某人）

不放心；（某人）靠不住；信不过（某人）；（某人做某事），行吗

（1）王楠：你这位朋友怎么样啊？

大卫：放心吧，＿＿＿＿＿＿＿＿＿＿。

（2）王楠：＿＿＿＿＿＿＿＿＿＿？

大卫：没问题。

（3）王楠：你说我能通过这次面试吗？我有点儿＿＿＿＿＿＿＿＿＿＿。

大卫：放心吧，能有什么问题？

交际活动与任务

一 小组讨论。

两人一组进行讨论：

1. 如果没有网络，生活会发生哪些变化？

2. 网络时代，我们可能面临哪些不安全因素？有哪些解决办法？

二 小组活动。

有人说，虚拟时代是一把双刃剑。两人一组进行对话，谈谈各自的看法，请尽量使用下面的词语和句式，并把对话内容写出来。

问世　即将　硬盘　搜索　液晶	这个不是问题
屏幕　病毒　黑客　限制　游戏	这种可能性太小了
快捷　随时　书籍　耽误　浏览	这要看怎么说
沉迷　视力　疲劳　取代　理智	为什么这么说呢
发牢骚　格式化　无纸化　聊天	我也有同感
空虚　自由空间　以至	我觉得这是早晚的事儿
淡出视线　不能自拔　远程教育	我迷上了……
	话不能这么说

A: _____

B: _____

A: _____

B: _____

A: _____

B: _____

A: _____

B: _____

自主学习　　日积月累

用汉字、拼音或你的母语，记下你觉得最有用的词语、句子、文化知识等。

14 知足者常乐

课文一　知足者常乐

生　词　79

1. 名副其实	míng fù qí shí	（成）	be true to one's name
2. 跨国	kuàguó	（形）	transnational
3. 集团	jítuán	（名）	group
4. 度假	dùjià	（动）	spend one's holiday
5. 张口结舌	zhāng kǒu jié shé	（成）	be agape and tongue-tied; be unable to say anything
6. 琢磨	zuómo	（动）	think over; ponder
7. 憧憬	chōngjǐng	（动）	yearn for; long for; look forward to
8. 安逸	ānyì	（形）	easy and comfortable
9. 随机	suíjī	（形）	random
10. 稳固	wěngù	（形）	firm; stable

课　文　80

> 有一个富翁来到海边，看到一个年轻的渔夫躺在沙滩上晒太阳。渔夫的身边放着一个破桶，里面有几条钓上来的小鱼。

富翁：小伙子，你怎么能在这里晒太阳呢？我劝你快去工作吧，别在这里浪费时间了！

渔夫：我为什么要去工作呢？

富翁：工作能赚足够的钱，可以拥有自己的事业、汽车和房子。

渔夫：赚很多钱，有事业，有车有房，那又怎么样呢？

富翁：那你就成了名副其实的富翁了！如果继续努力，说不定还能开一家跨国公司、成立跨国集团什么的。

渔夫：成了富翁，把生意做得很大，又能怎么样呢？

富翁：成了富翁，当上跨国集团老板，你就可以和我一样啦，去夏威夷①海滩度假、游泳、钓鱼，好好享受生活。

渔夫：那你以为我现在在干什么呢？

富翁：……

网友的帖子

A：知足者常乐！

B：生活往往是这样。我们努力追求财富，忙忙碌碌一生，而我们需要的东西其实很简单——只是幸福、快乐而已。

C：等有空闲了，就去旅游；等有钱了，就买一套房子住。不知不觉，在无数次憧憬之中，自己已是满头白发。

D：这位渔夫确实反问得很好，乍一听起来，很是让人张口结舌，答不出来。但仔细琢磨，渔夫的回答有些不合适的地方。

E：是啊，渔夫晒太阳和富翁晒太阳心情肯定是不一样的：前者只是停留在温饱状态，是有了几条小鱼之后暂时的安逸，后者却是事业成功之后长久的幸福。前者晒太阳是暂时的、随机的，后者却是长久的、稳固的。

F：我们往往意识不到，自己活着的分分秒秒就是一种幸福——活着，快乐地活着。

> **想一想，说一说**

1. 请分别概括富翁和渔夫的观点。
2. 谈谈你对渔夫观点的看法。

---

① 夏威夷（Xiàwēiyí）：Hawaii, a famous tourist attraction of America

读一读，试一试

1. 我们需要的东西其实很简单——只是幸福、快乐而已。（而已）

    （1）你的这些打算和计划都不可能实现，不过是幻想而已。

    （2）我＿＿＿＿＿＿＿＿＿＿＿＿，你不要把我的话放在心上。

    （3）没想到这里发展那么快，十年前＿＿＿＿＿＿＿＿＿＿＿。

    （4）＿＿＿＿＿＿＿＿＿＿＿，我只是开了一个玩笑，如此而已。

2. 前者晒太阳是暂时的、随机的，后者却是长久的、稳固的。（前者……后者……）

    （1）据说有一家超市，拒绝招聘H地区和D地区的人，因为前者口碑（kǒubēi，public praise）不好，后者爱闹事。

    （2）这两句广告词都不好，＿＿＿＿＿＿＿＿＿＿，＿＿＿＿＿＿＿＿＿＿。

    （3）有人说，北京和上海相比，＿＿＿＿＿＿＿＿＿，＿＿＿＿＿＿＿＿＿。

课文二　这山望着那山高

生词 81

1. 频频	pínpín	（副）	frequently; again and again
2. 报刊	bàokān	（名）	general term for newspapers and periodicals
3. 自身	zìshēn	（名）	one's own; oneself
4. 男才女貌	nán cái nǚ mào		(a perfect match between) a talented man and a beautiful woman
5. 会计	kuàijì	（名）	accounting
6. 深浅	shēnqiǎn	（名）	(fig.) sense of propriety
7. 形势	xíngshì	（名）	situation
8. 蜗居	wōjū	（动）	dwell in a narrow space

课 文　82

参加招聘公司的面试，总觉得后面可能还有更好的机会；工作干得好好儿的，突然辞职跳槽了；男女朋友谈了一个又一个，总希望找一个更理想的……

大卫：最近，"剩女"这个词频频出现在网络、报刊等媒体上，是什么意思啊？

王楠：所谓"剩女"，就是指那些想结婚，但又找不到结婚对象的女孩儿。

大卫：噢，肯定是条件太高了。

王楠：一点儿都不错。现在不但有剩女，还有剩男。

大卫：也是因为条件太高了吗？

王楠：是啊。其实这些人自身的条件都相当不错，可以说是男才女貌。可是朋友谈了一个又一个，总是看不上人家。

大卫：我觉得这是这山望着那山高！

王楠：我也这么看。最近媒体老报道毕业生就业难，我看也跟这句话有很大关系。

大卫：我有一个朋友，会计专业，面试了几个公司，可他总觉得这也不好那也不好，真不知道他是怎么想的。

王楠：你看，这不就是典型的这山望着那山高吗？说得准确点儿，这叫不知深浅。

大卫：是，更让人不能理解的是，现在竟还有人辞职。

王楠：经济那么不景气，怎么说辞职就辞职呢？

大卫：不过，这好像也说明，目前的就业形势没有那么差。

王楠：当然。我觉得只要离开大城市，外边有很多机会在等着你。虽然其他地方的条件可能比不上大城市，但只要努力，肯定也能做得不错。

大卫：你说得有道理。听说，前几天有单位来学校招聘毕业生，提供的待遇很不错，可就因为在外地，竟没有一个人报名。

王楠：是，他们宁可蜗居在大城市，也不愿意去小地方。

大卫：话是这么说，可我觉得你有点儿"站着说话不腰疼"。

王楠：为什么这么说啊？

大卫：如果现在你还是无业大军的一员，你肯定就不这么想了。

王楠：或许吧。

想一想，说一说

1．"这山望着那山高"是什么意思？

2．"站着说话不腰疼"是什么意思？

读一读，试一试

1．面试了几个公司，可他总觉得这也不好那也不好，真不知道他是怎么想的。

（这……那……）

（1）这个也不对，那个也不对，那请你说说你的看法。

（2）＿＿＿＿＿＿＿＿＿＿＿，你到底喜欢什么呢？

（3）这孩子很挑食②，＿＿＿＿＿＿＿＿，真没办法。

（4）＿＿＿＿＿＿＿＿，老板觉得这也不合适那也不合适，＿＿＿＿＿＿＿＿。

2．他们宁可蜗居在大城市，也不愿意去小地方。（宁可……也不……）

（1）宁可自己吃亏，也不要对不起别人，这是我的座右铭（zuòyòumíng, motto）。

（2）我宁可一辈子都单身，＿＿＿＿＿＿＿＿＿＿＿＿＿＿＿。

（3）＿＿＿＿＿＿＿＿＿＿＿＿＿＿，也不能破坏环境。

（4）这些啃老族，＿＿＿＿＿＿＿＿＿＿＿＿＿＿＿。

课文三　富翁的诡计

生　词　　83　🖊

1.	诡计	guǐjì	（名）	bad idea
2.	舒适	shūshì	（形）	comfortable
3.	穿着	chuānzhuó	（名）	dress; apparel

---

② 挑食（tiāoshí）：be choosy about what one eats

4.	嫉妒	jídù	（动）	feel jealous
5.	修剪	xiūjiǎn	（动）	cut grass or wheat using a machine or tool with special blades
6.	草坪	cǎopíng	（名）	lawn
7.	风餐露宿	fēng cān lù sù	（成）	brave the wind and dew
8.	扣除	kòuchú	（动）	deduct
9.	丑话	chǒuhuà	（名）	blunt words (to warn or remind somebody)
10.	抱怨	bàoyuàn	（动）	complain
11.	拍马屁	pāi mǎpì		lick somebody's boots
12.	融洽	róngqià	（形）	harmonious
13.	气氛	qìfēn	（名）	atmosphere
14.	解雇	jiěgù	（动）	fire; lay off

课　文　

> 一座房子再小，当周围的房屋都这么小的时候，居住者也会觉得很舒适。但是，一旦这座小房子周围都建起了大房子，居住者无论如何都不会觉得舒适了。

　　有一位大富翁，钱多得用不完，可总是感觉不快乐。他每天开车回家都要经过一个垃圾场，垃圾场里总有几个穿着破破烂烂的人在捡垃圾。他发现捡垃圾的这几个人总是那么高兴，似乎总有许多有意思的事让他们哈哈大笑。富翁十分嫉妒，觉得自己虽然很有钱，却还没有几个拾垃圾的过得愉快。无聊的富翁终于想出了一个诡计。

　　一天，富翁把那几个拾垃圾的人喊过来说："我需要你们每天给我修剪院子里的草坪。管吃管住，每个月还能领到薪水。"那几个人听了，十分高兴地答应了。从此，他们再也不用风餐露宿，修剪草坪的工作对他们来说简直是轻松愉快，他们每天把草坪修剪得整整齐齐。

　　两个月后，富翁把他们找来说："最近生意不景气，我不得不扣除你们一半的薪水，以节省开支。不过，我把丑话说在前面，工作该怎么干还得怎么干。"那几个人于是开始发牢骚，草坪修剪得也不如以前认真了。又过了一个月，富翁又把剩下的薪水扣除大半。他们更加不满了，可是又没有人愿意回去过风餐露宿的生活。

没过几天，富翁又选了个比较懒的人做他们的管理员，给他加了薪，而且让他不用工作。这简直要把其他几个人气死了，整天抱怨，却又无可奈何③。可是，慢慢地就有人开始拍管理员的马屁，他们之间互相猜疑、嫉妒，再也没有以前那种融洽的气氛了。

终于有一天，富翁把他们全部解雇，让他们返回了垃圾场。现在富翁每天开车从垃圾场经过，再也看不到以前他们高兴的场面，偶尔还能看见他们吵架。看到这一切，富翁感到舒服多了。

（选自《意林》）

想一想，说一说

1. 请简单说说故事的内容。

2. 请你评价一下这个富翁。

3. 几个捡垃圾的人后来终于明白了，他们一起回去找那个富翁算账。他们打算揭穿富翁的诡计，让他在媒体上曝光。如果你是他们的一员，说说你们的策略。

读一读，试一试

1. 从此，他们再也不用风餐露宿，修剪草坪的工作对他们来说简直是轻松愉快。

（简直）

（1）你没看见他刚才发脾气的样子，简直要吃人！

（2）乍一看，这幅画_____，那些马好像真的在跑。

（3）让他上东他上西，我说什么他都不听，_____。

（4）_____，简直像蒸桑拿似的。

---

③ 无可奈何（wú kě nàihé）：be helpless; have no way out

2. 最近生意不景气，我不得不扣除你们一半的薪水，以节省开支。（以）

（1）写完作文，我又仔细检查了一遍，以保证没有任何错别字。

（2）他一口气说出几个名人的名字，＿＿＿＿＿＿＿＿＿＿。

（3）单位每年都举行好几次茶话会（cháhuàhuì, tea party），＿＿＿＿＿＿＿＿＿＿。

（4）＿＿＿＿＿＿＿＿＿＿，以加强两个学校间的交流。

词语练习

一、模仿例子说出更多的词语。

例：跨国公司： <u>跨地区</u>　　<u>跨行业</u>　　<u>跨时代</u>

1. 财富： ＿＿＿＿＿　　＿＿＿＿＿　　＿＿＿＿＿

2. 蜗居： ＿＿＿＿＿　　＿＿＿＿＿　　＿＿＿＿＿

3. 安逸： ＿＿＿＿＿　　＿＿＿＿＿　　＿＿＿＿＿

4. 诡计： ＿＿＿＿＿　　＿＿＿＿＿　　＿＿＿＿＿

5. 扣除： ＿＿＿＿＿　　＿＿＿＿＿　　＿＿＿＿＿

二、选择词语填空。

> 解雇　　名副其实　　深浅　　张口结舌　　丑话　　风餐露宿

1. 面对大家的提问，他（　　　　　　），一句话也说不出来。

2. 他被炒了鱿鱼，意思就是他被公司（　　　　　　）了，丢了工作。

3. 你真是不知道（　　　　　　），在上司（shàngsi, boss）面前，怎么能这么说话呢？

4. 我把（　　　　）说在前头，你不听我的建议，出了麻烦别来找我！

5. 大卫可是个（　　　　　　）的球迷，如果有球赛，他说什么也得去看。

6. 流浪汉（liúlànghàn, tramp）虽然过着（　　　　　　）的生活，但一个人来去自由，说不定也有人羡慕他们。

三、根据拼音写汉字，然后读一读，并说说这些词语的意思。

1. kuàguó（　　　）经商已经越来越普遍了。

2. 退休后，他一直在农村过着shūshì（　　　）的生活。

3. 他这个人guǐjì（　　　）很多，小心别上了他的当。

4.《三国演义》中"既生瑜（yú），何生亮"这句话，充分显示了周瑜对诸葛亮的jídù（　　　）心理。

5. 俗话说"家和万事兴"，意思是说，家庭成员之间róngqià（　　　）的关系很重要。

实用
招牌句

1. 知足者常乐。

2. 那你以为我现在在干什么呢？

3. 这山望着那山高。

4. 这也不好那也不好。

5. 站着说话不腰疼。

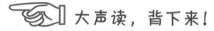 大声读，背下来！

用一用，练一练

1. A：你说高考有什么难的？从小学就学，一直学到高中，前后十多年呢。

B：＿＿＿＿＿＿＿＿＿＿＿＿，你去考一下试试！八成考不上。

2. A：公司发那么点儿奖金，也能把你高兴成这样！

B：这叫＿＿＿＿＿＿＿＿＿＿＿＿＿＿＿＿。

3. A：喂，你不会还在工作吧？都几点啦？

B：是啊，＿＿＿＿＿＿＿＿＿＿＿＿？这份兼职（jiānzhí, part-time job）真累。先挂了，一会儿我给你打过去。

4. A：你听说了吗？她这位朋友五年换了五个公司，都嫌待遇不好。

B：要我说，这工作啊，不能＿＿＿＿＿＿＿＿＿＿，换来换去，得待得住才行。

5. A：你为什么总是抱怨＿＿＿＿＿＿＿＿＿＿？

B：这怎么能叫抱怨呢？好就是好，不好就是不好。

功能项目练习

50. 劝告

例：我劝你快去工作吧，别在这里浪费时间了！

我劝你……；我看你还是（做某事）吧；何必……呢；看远点儿

（1）大卫劝王楠不要喝白酒，可以喝点儿红酒。

　　大卫：＿＿＿＿＿＿＿＿＿＿＿＿＿＿＿＿＿。

（2）大卫的女友和大卫吵架了，她很伤心。王楠劝她。

　　王楠：＿＿＿＿＿＿＿＿＿＿＿，他很快就会向你道歉的。

（3）王楠：昨天和公司签了约，这个工作好是好，就是待遇有点儿低。

　　大卫：＿＿＿＿＿＿＿＿＿＿＿＿＿＿＿＿＿＿＿＿＿。

51. 解释（2）

例：所谓"剩女"，就是指那些想结婚，但又找不到结婚对象的人。

所谓……就是指/指的就是……；……即……；……说得准确点儿/更准确地说……；
……也就是说/换句话说……

（1）大卫：什么叫"站着说话不腰疼"啊？

　　王楠：＿＿＿＿＿＿＿＿＿＿＿＿＿＿＿。

（2）大卫：什么是"一朝被蛇咬，十年怕井绳"？

　　王楠：＿＿＿＿＿＿＿＿＿＿＿＿＿＿＿。

52. 警告

例：不过，我把丑话说在前面，工作该怎么干还得怎么干。

把丑话说在前面；不是闹着玩儿的；必须……否则……

（1）驾驶学校的教练警告学车的学员，开车要小心。

　　教练：＿＿＿＿＿＿＿＿＿＿＿＿＿。

（2）王楠劝告大卫，应该赶快去跟女朋友道歉。

王楠：_____。

交际活动与任务

一　小组讨论。

两人一组进行讨论：

1. 如何做到知足常乐？不同的人群，其生活追求肯定不同。说说下面这些人群的最高需要是什么？

乞丐　狗仔　蜗居者　富豪　酒吧歌手　总统

2. 在下面的生活方式中选择一种，并说说理由。

（1）喜欢在大城市工作和生活。

（2）喜欢在小城市工作和生活。

（3）喜欢在大城市工作，在小城市生活。

二　小组活动。

在下面的两个话题中选择一个进行辩论。请尽量使用给出的句式，并把辩论内容写出来。

1. 你觉得"这山望着那山高"肯定是坏事儿吗？

2. 你觉得"知足常乐"肯定是好事儿吗？

这也不好那也不好	这要看怎么说
那是两回事儿	为什么这么说呢
（可是/不过）话又说回来	你这种说法站不住脚
你的意思是说，……	戴着有色眼镜看问题
你能举个例子吗	能谈谈你的看法吗
话不能那么说	对不起，我想插一句
	头都大了

正方：＿＿＿＿＿＿＿＿＿＿＿＿＿＿＿＿＿＿＿＿＿＿

反方：＿＿＿＿＿＿＿＿＿＿＿＿＿＿＿＿＿＿＿＿＿＿

正方：＿＿＿＿＿＿＿＿＿＿＿＿＿＿＿＿＿＿＿＿＿＿

反方：＿＿＿＿＿＿＿＿＿＿＿＿＿＿＿＿＿＿＿＿＿＿

正方：＿＿＿＿＿＿＿＿＿＿＿＿＿＿＿＿＿＿＿＿＿＿

反方：＿＿＿＿＿＿＿＿＿＿＿＿＿＿＿＿＿＿＿＿＿＿

正方：＿＿＿＿＿＿＿＿＿＿＿＿＿＿＿＿＿＿＿＿＿＿

反方：＿＿＿＿＿＿＿＿＿＿＿＿＿＿＿＿＿＿＿＿＿＿

正方：＿＿＿＿＿＿＿＿＿＿＿＿＿＿＿＿＿＿＿＿＿＿

反方：＿＿＿＿＿＿＿＿＿＿＿＿＿＿＿＿＿＿＿＿＿＿

正方：＿＿＿＿＿＿＿＿＿＿＿＿＿＿＿＿＿＿＿＿＿＿

反方：＿＿＿＿＿＿＿＿＿＿＿＿＿＿＿＿＿＿＿＿＿＿

自主学习 日积月累

用汉字、拼音或你的母语，记下你觉得最有用的词语、句子、文化知识等。

15 己所不欲，勿施于人

课文一　以后不要用红笔写作业

1. 硬性	yìngxìng	（形）	uncompromising
2. 批改	pīgǎi	（动）	mark; correct one's article or homework
3. 醒目	xǐngmù	（形）	eye-catching
4. 鲜明	xiānmíng	（形）	(of color) bright; distinct
5. 犯	fàn	（动）	make (or commit) a mistake (or an error)
6. 几率	jīlǜ	（名）	probability
7. 针对	zhēnduì	（动）	be aimed at; be directed against
8. 小题大做	xiǎo tí dà zuò	（成）	make a fuss
9. 刺激	cìjī	（动）	stimulate
10. 挫折	cuòzhé	（名）	frustration; defeat; setback
11. 鲜艳	xiānyàn	（形）	bright-colored; gaily-colored
12. 丧失	sàngshī	（动）	lose
13. 喜好	xǐhào	（名）	like
14. 尝试	chángshì	（动）	try

课 文　86

印象中，老师一直都是用红笔改作业，我们从来没有怀疑过。不过，近几年越来越多的老师放弃了红笔，而代之以绿色、蓝色、粉红色、黄色的笔，甚至是铅笔。

大卫：昨天，老师告诉我，以后不要用红笔写作业。

王楠：我从小学到现在，从来没用过红笔写作业，红笔好像一直是老师的专利。

大卫：这是学校的硬性规定吗？

王楠：不是，反正学生不能用红笔写作业，但老师一般都用红笔批改作业。

大卫：这不是不公平吗？

王楠：这和公平不公平没有关系。红颜色比较醒目，能够让学生一看就知道哪儿错了。

大卫：有研究者指出，用红笔改作业，容易让学生把注意力集中在自己的弱点和错误上。已经有一些学校开始禁止老师用红笔批改作业了。

王楠：我不这么认为，我觉得红色能给学生留下鲜明的印象，可以减少他们犯同类错误的几率。

大卫：最近有一项针对这个问题的调查发现，大概六成以上的学生觉得，红色特别是那种大红叉，会对自己造成心理压力。

王楠：大卫，这不是小题大做嘛！如果学生连红颜色这种刺激都无法承受，以后如何面对生活中的挫折呢？

大卫：这是两码事。红颜色太鲜艳，直接在作业本上画叉，当然会让人不舒服。试想，如果一个人看到自己的本子上全是红叉，他会不会觉得自己很笨，最后丧失信心？

王楠：有这种可能。不过对不同颜色的喜好，可能只是一种习惯。

大卫：话是这么说，不过习惯也好，喜好也好，学生心理上的感觉才是最重要的。

王楠：这样看来，如果学生觉得不舒服，作为老师，可以尝试用其他颜色的笔批改作业。

大卫：车来了！

王楠：再见！千万别忘了明天联系机票的事儿。

大卫：放心吧，都记在心里啦！

想一想，说一说

1. 用红笔批改作业对学生有什么负面影响？

2. 如果你是老师，你怎么批改学生的作业？

读一读，试一试

1. 不过，近几年越来越多的老师放弃了红笔，而代之以绿色、蓝色、粉红色、黄色的笔，甚至是铅笔。（代之以）

  （1）以后，有关部门将让户外横幅（héngfú, banner）广告退出城市街头，而代之以电子显示屏。

  （2）几所知名大学打算取消"三好学生"评选制度，_____。

  （3）矿泉水公司将于明年取消塑料瓶装水，而_____。

  （4）学校正在进行教学改革，取消_____，代之以启发式教学。

2. 话是这么说，不过习惯也好，喜好也好，学生心理上的感觉才是最重要的。

（话是这么说，不过……）

  （1）A：我觉得不应该实行网络实名制，那样谁还敢在网上发表意见啊？

  　　　B：话是这么说，不过如果一点儿都不限制的话，也会比较麻烦。

  （2）A：用红笔在作业本上画一个"×"，是有点儿刺眼。

  　　　B：_____。

  （3）A：不用担心，万一碰到什么急事儿，可以打110找警察。

  　　　B：_____。

  （4）A：失业就失业吧，你也要看开点儿。凭你的能力，肯定还能找到别的工作。

  　　　B：_____。

课文二　己所不欲，勿施于人

生　词　87

1. **桃李满天下** táolǐ mǎn tiānxià　　（成）　　have pupils everywhere

2. 因材施教	yīn cái shī jiào	（成）	teach students in accordance to their aptitude
3. 纠正	jiūzhèng	（动）	correct
4. 三人行必 有我师	sān rén xíng bì yǒu wǒ shī		among several people who walk with me, there is surely someone whom I can learn from
5. 谦虚	qiānxū	（形）	modest; self-effacing
6. 举一反三	jǔ yī fǎn sān	（成）	draw inferences about other cases from one instance
7. 规范	guīfàn	（名）	standard
8. 遵守	zūnshǒu	（动）	abide by; observe
9. 和谐	héxié	（形）	harmonious
10. 抽象	chōuxiàng	（形）	abstract
11. 权利	quánlì	（名）	right

课　文 88

> 2000多年前，思想家、教育家、儒家创始人孔子曾大胆设想"乘桴浮于海 ①"去传播他的思想，但最终没有实现。而2000多年后的今天，孔子再也用不着"乘桴浮于海"了，因为越来越多的人都在想方设法了解、学习他的思想，还有很多人不远万里，来到了他的故乡……

记者：孔先生，您好。很高兴能够在中国见到您，谢谢您百忙之中来和这些外国朋友进行交流。

孔子：别客气，有朋友从远方来，不是件很高兴的事儿吗！

玛丽：您是中国伟大的教育家，桃李满天下。能简单谈谈您的教学方法吗？

孔子：我先后教过3000多个学生。我觉得最重要的一点就是"因材施教"。

玛丽：您能解释一下吗？

---

① 乘桴浮于海（chéng fú fú yú hǎi）：board a raft and drift around in the sea，桴（fú）：small raft

孔子：好。我打一个比方：日本学生和欧美学生在学习汉语的时候，会遇到不同的困难。对日本学生来说，汉字不是问题，但 zh ch sh r 等发音比较麻烦，我就重点纠正他们的发音；而对于欧美学生来说，更大的问题可能是汉字，因为在他们看来，写汉字就像画画儿，于是我就重点教他们怎么写汉字。另外，我再补充一点，"三人行必有我师"，无论是老师还是学生，都应该谦虚点儿。

大卫：有人批评现在的教学是"满堂灌②"，能谈谈您的看法吗？

孔子："满堂灌"只是个别现象，当然这种方法很不好。学习应该是一件很快乐的事，教学中不能把知识直接给学生，一定要启发学生自觉地思考，做到举一反三。

马丁：当初您打算乘船渡海去宣传您的学说。您能简单说说这件事吗？

孔子：是有这么回事儿。虽然没有实现，但我一直都在推广"仁"和"礼"的思想。"仁"就是爱人、爱他人，特别是统治者，管理国家要实行"仁政"。"礼"就是大家普遍具有的道德行为规范，人人都遵守这些规范，社会就会和谐安定。

明珠：这样说比较抽象，您能举例说明一下吗？

孔子：比如我告诉我的学生说，"己所不欲，勿施于人"。

山田：对不起，是"己什么人"？请再说一遍好吗？

孔子：己所不欲，勿施于人。意思是说，如果你自己不想这样做，那么也别要求别人这样做，我们一定要为别人多想想。我还说过"有教无类"，说得准确点儿，就是让所有的人都有权利接受教育。这些都是"仁"的表现。

林娜：我记得您还说过，"不患寡而患不均"。我非常同意这种看法。

孔子：是啊，其实生活条件好一点儿坏一点儿不是最重要的，重要的是要平均、平等。一小部分人很富有，大部分人都很穷，这个社会能稳定吗？这可不是闹着玩儿的！

保罗：孔先生您好，我也听说您的学说有些人不接受，是吗？

---

② 满堂灌（mǎntángguàn）：cramming method of teaching

孔子：是啊，不知道为什么，有些人一直反对我，不理解我。唉！

保罗：您应该把心放宽点儿，别太难受，发生这种事是难免的。

孔子：谢谢你的理解。噢，对不起，我得上课去了。如果大家有兴趣的话，可以去看我的书《论语》，也欢迎大家去上我的课，我最喜欢在课上和学生一起讨论问题了。

想一想，说一说

1. 请根据课文内容简单说说这些话的意思。

　　（1）有朋自远方来，不亦乐乎？

　　（2）因材施教。

　　（3）三人行必有我师。

　　（4）己所不欲，勿施于人。

　　（5）有教无类。

　　（6）不患寡而患不均。

2. 请举两个"己所不欲，勿施于人"的例子。

读一读，试一试

一小部分人很富有，大部分人都很穷，这个社会能稳定吗？（能……吗）

（Ⅰ）无标记反问句，具体意义只能根据上下文来判断。

　　（1）你想去看电影？你有票吗？（你没有票）

　　（2）这样的好事，你为什么不做？（你应该做）

　　（3）A和B去图书馆看书，但A去了以后，不看书，一直和别人聊天儿。

　　　　B: ＿＿＿＿＿＿＿＿＿＿＿＿＿＿＿＿＿？

　　（4）A的护照丢了，A哭了。

　　　　B: ＿＿＿＿＿＿＿＿＿＿＿？

（Ⅱ）有标记反问句，具体意义可直接根据形式来判断。

　　（1）我不是早跟你说了吗？你怎么又忘了？（我早跟你说了）

　　（2）这篇文章哪儿难啊？我觉得一般人都能看懂。（这篇文章不难）

（3）外边已经不下雨了，_____？（……什么）

（4）事情都已经过去了，_____？（何必……呢）

（5）_____，难道你真要一个人去旅行吗？

课文三　居必择邻，游必就士

生　词　89

1. 墓地	mùdì	（名）	graveyard
2. 丧事	sāngshì	（名）	funeral
3. 跪拜	guìbài	（动）	kowtow
4. 皱眉头	zhòu méitóu		frown
5. 集市	jíshì	（名）	country fair; bazaar; market
6. 讨价还价	tǎo jià huán jià	（成）	bargain with somebody
7. 秩序	zhìxù	（名）	order

课　文　90

古人曰：君子居必择邻，游必就士。意思是说，君子要选择有利于自己成长的环境居住；要选择有道德、能使自己进步的人交往。

孟子③小的时候，住在墓地旁边。孟子常常和邻居的小孩一起玩办丧事的游戏，学着大人的样子跪拜、大哭。孟子的妈妈看到后，皱起了眉头，"不行！我不能让我的孩子住在这里了！"

孟子的妈妈就带着孟子搬到集市的旁边去住。到了集市，孟子又和邻居的小孩儿学起了商人做生意的样子，一会儿欢迎客人，一会儿招待顾客，一会儿和买东西的人讨价还价，表演得像极了！孟子的妈妈知道了，又皱起了眉头，

---

③ 孟子（Mèngzǐ）：(372BC～289BC) a famous ideologist and educationist in the Warring States Period of China

"这个地方也不适合我的孩子居住！"

于是，他们又搬家了。这一次，他们搬到了一所学校的附近。孟子开始变得守秩序、懂礼貌，常常和学校的学生一起读书。这时，孟子的妈妈终于松了一口气，满意地点着头说："现在好了，这才是我孩子应该住的地方呀！"于是就在这里住下了。

想一想，说一说

简单说说孟子的妈妈搬家的理由。

读一读，试一试

1. 孟子的妈妈看到后，皱起了眉头，"不行！我不能让我的孩子住在这里了！"

(皱眉头/紧皱眉头/皱了一下眉头/眉头一皱/皱皱眉头)

（1）新闻发布会还没开始，他就紧皱眉头。因为他不知道该如何告诉媒体，他们的球队失败了。

（2）看到网页迟迟打不开，大卫_____。

（3）王楠_____，突然想出了一个好主意。

（4）我推开门刚要进去，突然发现一屋子的人，空气很差，我_____，出去了。

2. 孟子一会儿欢迎客人，一会儿招待顾客，一会儿和买东西的人讨价还价，表演得像极了！（一会儿……一会儿……）

（1）天上的云变化万千，一会儿像小马，一会儿像小山，一会儿又像个巨人，好看极了。

（2）你钓鱼的时候，一会儿去捡石子儿，一会儿去追蝴蝶，怎么能钓到鱼呢？

（3）_____，怎么能学好语言呢？

（4）你一会儿说对，一会儿又说不对，_____。

词语练习

一、模仿例子说出更多的词语。

例：权利： 权力　　 权威　　 权势

1. 集市： _____　 _____　 _____

2. 尝试： _____　 _____　 _____

3. 丧失： _____　 _____　 _____

4. 规范： _____　 _____　 _____

二、选择词语填空。

皱起眉头　　 小题大做　　 举一反三　　 刺激　　 抽象　　 谦虚

1. 你真会（ 　　　　 ），救了几只小鸟，弄得几十家新闻媒体都来采访你。

2. 不要再（ 　　　　 ）她了，她最近刚刚失恋，心情很不好。

3. 汉语常常用"哪里哪里""过奖了"来表示（ 　　　　 ）的态度。

4. 学习一个词语，不但要知道它的意思，而且要能（ 　　　　 ），知道它的常见用法。

5. 大卫（ 　　　　 ），说："糟了，你们先走吧，我把手机落在会议室了。"

6. 我很喜欢读哲学方面的书，虽然有些内容很（ 　　　　 ），但很能锻炼人的思维
（sīwéi, thinking）。

三、根据拼音写汉字，然后读一读，并说说这些词语的意思。

1. 健康和生存是公民最基本的 quánlì（ 　　　 ）。

2. 成功固然可喜，但也要勇敢地面对 cuòzhé（ 　　　 ）。

3. 下星期，委员会将 zhēnduì（ 　　　 ）新规定进行投票（tóupiào, vote）表决。

4. 走进大厅，首先看到的是一块 xǐngmù（ 　　　 ）的大牌子，上面写着"欢迎光临"。

5. 建立一个 héxié（ 　　　 ）社会，首先得解决城乡差别和贫富差距的问题。

实用

招牌句

1. 我不这么认为。

2. 这不是小题大做嘛!

3. 这是两码事。

4. 我打一个比方。

5. 另外，我再补充一点，……

6. 是有这么回事儿。

☞ 大声读，背下来!

用一用，练一练

1. A：他因为在公司开会时打瞌睡，被炒了鱿鱼。

   B：_____，怎么能为这么点儿小事开除职工呢?

2. A：大卫，听说你旅游的时候迷了路，差点儿走不回来了?

   B：_____。不过好在我带着手机，很快就跟旅行社的人联系上了。

3. A：既然你同意这个意见，那你在这儿签名吧。

   B：_____，同意是同意，签名是签名，我还是不签了吧。

4. A：你能告诉我电脑C盘上的系统文件为什么不能删除吗?

   B：你真是个门外汉（ménwàihàn, layman）。_____，一个人坐在椅子

   上，他能让自己和椅子一起跳起来吗? 当然不能!

5. A：这次的夏令营（xiàlìngyíng, summer camp），分组活动，任何人都得听从组长的

   安排。

   B：_____，大家的手机要保证24小时开机，有事随时联系。

6. A：有个作家曾经说：婚姻就像一个鸟笼子，笼子里的鸟儿想飞出来，笼子外的鸟儿

   想飞进去。

   B：_____。我已经飞到笼子里了，到现在都还不想出来。

功能项目练习

53. 提醒

例：再见！千万别忘了明天联系机票的事儿。

千万别忘了……；小心/注意……；想着点儿/记着点儿；可不能……；不能再……了

（1）大卫还在睡觉，同屋提醒他不要迟到了。

同屋：_____。

（2）大卫提醒王楠给他买电子词典。

大卫：_____。

54. 请对方重复

例：对不起，是"己什么人"？请再说一遍好吗？

请再说/讲一遍好吗；请再重复一遍；对不起，我没听懂，能不能再说一遍

（1）大卫没听清楚王楠下午要去哪儿，让王楠重复一下。

大卫：_____。

（2）老师在上课，有一个学生没听清楚，想请老师重复一下。

学生：_____。

55. 安慰

例：您应该把心放宽点儿，别太难受，发生这种事是难免的。

把心放宽点儿；别担心；想开点儿；别着急，慢慢想办法；一切都会好起来的

（1）王楠没有通过资格考试，大卫安慰她。

大卫：_____。

（2）大卫住的房子被水淹了，王楠安慰他。

王楠：_____。

56. 表示释然

例：这时，孟子的妈妈终于松了一口气，满意地点着头说……

终于/总算；松了一口气；这下好了/现在好了，……；一块石头落了地

（1）王楠找到了工作，她妈妈放心了。

妈妈：_____。

（2）大卫期末考试成绩不错，他想：太好了，暑假我可以好好度假了。

大卫：_____。

交际活动与任务

一 小组讨论。

孔子是儒家思想的代表，但一直有人不理解他，甚至反对他。请两人一组进行讨论，谈谈各自的看法。

二 小组活动。

两人一组进行对话，谈谈一个好老师的标准，尽量使用给出的句式，并把对话内容写出来。

你想得太简单了	那倒不是
弄得我一晚上都没睡好	换成你，你不生气吗
那是两回事儿	再……不过
（可是/不过）话又说回来	你能举个例子吗
对不起，我想插一句，……	俗话说：说起来容易做起来难
如果有时间，我们以后再聊	话不能那么说
亏你想得出来	

A：_____

B：_____

A：_____

B: _____

A: _____

B: _____

A: _____

B: _____

A: _____

B: _____

三 语言伤害调查。

老师上课使用的语言，有时候学生听起来可能会不舒服，甚至是非常不舒服。有人把这种语言产生的影响称为"语言伤害"。请你在不同学校的留学生中作一个调查，看看老师的哪些语言造成了语言伤害，并给老师提一些建议。

1. 哪些语言可能会造成语言伤害？

2. 请给老师提一些建议。

自主学习   日积月累

用汉字、拼音或你的母语，记下你觉得最有用的词语、句子、文化知识等。

生 词 总 表

A	哎哟	āiyō	（叹）	5
	安逸	ānyì	（形）	14
B	拔掉	bádiào	（动）	12
	把握	bǎwò	（名）	13
	办卡	bàn kǎ		1
	伴侣	bànlǚ	（名）	6
	伴随	bànsuí	（动）	8
	绊脚石	bànjiǎoshí	（名）	8
	保管	bǎoguǎn	（动）	7
	保障	bǎozhàng	（动）	4
	保证金	bǎozhèngjīn	（名）	5
	报刊	bàokān	（名）	14
	报刊亭	bàokāntíng	（名）	5
	报社	bàoshè	（名）	9
	抱怨	bàoyuàn	（动）	14
	悲哀	bēi'āi	（形）	4
	背叛	bèipàn	（动）	2
	彼此	bǐcǐ	（代）	2
	变态	biàntài	（形）	8
	变压器	biànyāqì	（名）	1
	遍布	biànbù	（动）	6
	并线	bìngxiàn	（动）	5
	驳	bó	（动）	12
	博客	bókè	（名）	11
	博物馆	bówùguǎn	（名）	5
	不妨	bùfáng	（副）	8
	不合	bùhé	（形）	2
	不可思议	bù kě sīyì	（成）	10
	不能自拔	bù néng zìbá	（成）	13
	不言而喻	bù yán ér yù	（成）	5
	部门	bùmén	（名）	9
C	财产	cáichǎn	（名）	5
	财富	cáifù	（名）	14

财力	cáilì	（名）	3
裁缝	cáifeng	（名）	7
采访	cǎifǎng	（动）	8
操场	cāochǎng	（名）	8
草坪	cǎopíng	（名）	14
差异	chāyì	（名）	10
插	chā	（动）	3
插头	chātóu	（名）	1
插座	chāzuò	（名）	1
茶几	chájī	（名）	2
拆	chāi	（动）	11
肠胃	chángwèi	（名）	12
尝试	chángshì	（动）	15
场面	chǎngmiàn	（名）	6
唱片	chàngpiàn	（名）	6
吵架	chǎojià	（动）	7
车道	chēdào	（名）	5
沉迷	chénmí	（动）	13
沉默	chénmò	（形）	2
沉重	chénzhòng	（形）	11
成熟	chéngshú	（形）	6
承担	chéngdān	（动）	4
承认	chéngrèn	（动）	8
乘客	chéngkè	（名）	5
程序	chéngxù	（名）	12
憧憬	chōngjǐng	（动）	14
抽象	chōuxiàng	（形）	15
丑话	chǒuhuà	（名）	14
出版	chūbǎn	（动）	10
出场	chūchǎng	（动）	5
出人头地	chū rén tóu dì	（成）	4
处罚	chǔfá	（动）	5
穿着	chuānzhuó	（名）	14

传颂	chuánsòng	（动）	6
窗口	chuāngkǒu	（名）	3
创意	chuàngyì	（名）	11
吹毛求疵	chuī máo qiú cī	（成）	2
纯	chún	（形）	10
刺激	cìjī	（动）	15
从容不迫	cóngróng bú pò	（成）	6
挫折	cuòzhé	（名）	15
错过	cuòguò	（动）	7
D 打鼓	dǎgǔ	（动）	5
打乱	dǎluàn	（动）	9
打破	dǎpò	（动）	13
代价	dàijià	（名）	11
贷款	dàikuǎn	（名）	11
待遇	dàiyù	（名）	11
淡出	dànchū	（动）	13
登	dēng	（动）	9
的确	díquè	（副）	2
地域	dìyù	（名）	10
颠覆	diānfù	（动）	4
点菜	diǎncài	（动）	1
电压	diànyā	（名）	1
吊销	diàoxiāo	（动）	5
掉线	diàoxiàn	（动）	1
跌倒	diēdǎo	（动）	8
独立	dúlì	（动）	9
度假	dùjià	（动）	14
对策	duìcè	（名）	11
对待	duìdài	（动）	10
对照	duìzhào	（动）	8
E 儿戏	érxì	（名）	5
二氧化碳	èryǎnghuàtàn	（名）	12
F 罚单	fádān	（名）	5
烦恼	fánnǎo	（形）	3
烦躁	fánzào	（形）	6
繁体字	fántǐzì	（名）	10

反思	fǎnsī	（动）	7
犯	fàn	（动）	15
放屁	fàngpì	（动）	7
放弃	fàngqì	（动）	2
非	fēi	（前缀）	1
坟墓	fénmù	（名）	2
粉丝	fěnsī	（名）	6
愤怒	fènnù	（形）	7
丰富	fēngfù	（形）	9
丰盛	fēngshèng	（形）	7
风餐露宿	fēng cān lù sù	（成）	14
讽刺	fěngcì	（动）	7
符合	fúhé	（动）	4
付款	fùkuǎn	（动）	13
负面	fùmiàn	（形）	11
附	fù	（动）	3
复印件	fùyìnjiàn	（名）	3
G 干脆	gāncuì	（副）	7
甘苦	gānkǔ	（名）	9
赶	gǎn	（动）	3
高薪	gāoxīn	（名）	4
歌手	gēshǒu	（名）	6
格式化	géshìhuà	（动）	12
工商管理	gōngshāng guǎnlǐ		9
公共设施	gōnggòng shèshī		11
沟通	gōutōng	（动）	11
构成	gòuchéng	（动）	2
孤单	gūdān	（形）	2
鼓鼓囊囊	gǔgunāngnāng	（形）	3
顾	gù	（动）	7
光膀子	guāng bǎngzi		10
光临	guānglín	（动）	1
规定	guīdìng	（动）	9
规范	guīfàn	（名）	15
诡计	guǐjì	（名）	14

	跪拜	guìbài	（动）	15		健身房	jiànshēnfáng	（名）	3
	国有	guóyǒu	（动）	1		鉴于	jiànyú	（介）	5
	果汁	guǒzhī	（名）	1		奖励	jiǎnglì	（动）	11
	过奖	guòjiǎng	（动）	9		角度	jiǎodù	（名）	9
H	毫无疑问	háo wú yíwèn		7		接风	jiēfēng	（动）	1
	合算	hésuàn	（形）	10		节食	jiéshí	（动）	12
	何必	hébì	（副）	7		节奏	jiézòu	（名）	6
	和谐	héxié	（形）	15		结论	jiélùn	（名）	10
	痕迹	hénjì	（名）	6		解雇	jiěgù	（动）	14
	恨不得	hènbude	（动）	8		解脱	jiětuō	（动）	8
	衡量	héngliáng	（动）	12		金融	jīnróng	（名）	1
	烘干	hōnggān	（动）	12		禁忌	jìnjì	（名）	12
	喉咙	hóulóng	（名）	7		经典	jīngdiǎn	（名、形）	6
	忽略	hūlüè	（动）	8		精打细算	jīng dǎ xì suàn	（成）	10
	忽视	hūshì	（动）	4		景气	jǐngqì	（形）	4
	忽悠	hūyou	（动）	3		纠正	jiūzhèng	（动）	15
	护送	hùsòng	（动）	9		橘子	júzi	（名）	10
	画蛇添足	huà shé tiān zú	（成）	7		举手之劳	jǔ shǒu zhī láo	（成）	12
	欢迎	huānyíng	（动）	1		举一反三	jǔ yī fǎn sān	（成）	15
	幻想	huànxiǎng	（名）	2		具备	jùbèi	（动）	5
	火暴	huǒbào	（形）	6		剧烈	jùliè	（形）	12
	火坑	huǒkēng	（名）	8		惧怕	jùpà	（动）	2
J	几率	jīlǜ	（名）	15	**K**	卡	kǎ	（名）	1
	基金	jījīn	（名）	11		开发商	kāifāshāng	（名）	11
	即将	jíjiāng	（副）	13		堪称	kānchēng	（动）	6
	集市	jíshì	（名）	15		侃	kǎn	（动）	5
	集团	jítuán	（名）	14		砍伐	kǎnfá	（动）	7
	嫉妒	jídù	（动）	14		可靠	kěkào	（形）	1
	挤	jǐ	（动）	10		啃	kěn	（动）	4
	记载	jìzǎi	（动）	13		空缺	kòngquē	（名）	9
	忌口	jìkǒu	（动）	1		扣除	kòuchú	（动）	14
	加强	jiāqiáng	（动）	11		枯燥	kūzào	（形）	2
	夹	jiā	（动）	7		夸张	kuāzhāng	（形）	12
	驾驶证	jiàshǐzhèng	（名）	3		跨国	kuàguó	（形）	14
	减轻	jiǎnqīng	（动）	8		会计	kuàijì	（名）	14
	建筑	jiànzhù	（名）	11		快递	kuàidì	（名）	13

快捷	kuàijié	（形）	13		名利场	mínglìchǎng	（名）	12
狂喜	kuángxǐ	（形）	13		模特	mótè	（名）	12
亏	kuī	（动）	12		魔鬼	móguǐ	（名）	12
困惑	kùnhuò	（形）	10		莫	mò	（副）	10
L 落	là	（动）	9		墓地	mùdì	（名）	15
栏目	lánmù	（名）	11	**N**	男才女貌	nán cái nǚ mào		14
牢骚	láosāo	（名）	13		难处	nánchu	（名）	8
老少皆宜	lǎoshào jiē yí		6		能否	néng fǒu		8
乐意	lèyì	（动）	9		腻	nì	（形）	2
理念	lǐniàn	（名）	11		溺爱	nì'ài	（动）	2
连锁	liánsuǒ	（形）	6		牛仔裤	niúzǎikù	（名）	7
脸蛋	liǎndàn	（名）	12		挪	nuó	（动）	10
凉拌	liángbàn	（动）	1	**P**	拍马屁	pāi mǎpì	（动）	14
粮食	liángshi	（名）	2		排放	páifàng	（动）	12
劣等	lièděng	（形）	9		培养	péiyǎng	（动）	4
猎人	lièrén	（名）	7		批改	pīgǎi	（动）	15
灵魂	línghún	（名）	6		疲劳	píláo	（形）	13
浏览	liúlǎn	（动）	13		频频	pínpín	（副）	14
流浪	liúlàng	（动）	6		品尝	pǐncháng	（动）	9
六亲不认	liù qīn bú rèn	（成）	4		品尝师	pǐnchángshī	（名）	9
笼子	lóngzi	（名）	7		品味	pǐnwèi	（名）	9
笼罩	lǒngzhào	（动）	13				（动）	13
履历	lǚlì	（名）	9		评价	píngjià	（动）	9
履历表	lǚlìbiǎo	（名）	9		评论员	pínglùnyuán	（名）	5
论坛	lùntán	（名）	13		屏幕	píngmù	（名）	13
M 马桶	mǎtǒng	（名）	12		破产	pòchǎn	（动）	11
馒头	mántou	（名）	2		破费	pòfèi	（动）	1
漫长	màncháng	（形）	2		破坏	pòhuài	（动）	11
忙碌	mánglù	（形）	5		普遍	pǔbiàn	（形）	10
媒体	méitǐ	（名）	10	**Q**	期望	qīwàng	（动）	4
魅力	mèilì	（名）	6		歧视	qíshì	（动）	10
密码	mìmǎ	（名）	3		旗舰店	qíjiàndiàn	（名）	6
免得	miǎnde	（连）	9		气氛	qìfēn	（名）	14
面临	miànlín	（动）	4		气息	qìxī	（名）	12
描述	miáoshù	（动）	4		气质	qìzhì	（名）	6
名副其实	míng fù qí shí	（成）	14		谦虚	qiānxū	（形）	15

签证	qiānzhèng	（名）	7	输	shū	（动）	3
强调	qiángdiào	（动）	10	双刃剑	shuāngrènjiàn	（名）	13
强化	qiánghuà	（动）	10	瞬间	shùnjiān	（名）	2
翘	qiào	（动）	2	水龙头	shuǐlóngtóu	（名）	12
倾向	qīngxiàng	（名）	10	思考	sīkǎo	（动）	8
卿卿我我	qīng qīng wǒ wǒ	（成）	2	思维	sīwéi	（名）	10
圈套	quāntào	（名）	3	搜索	sōusuǒ	（动）	13
权利	quánlì	（名）	15	俗	sú	（形）	7
权威	quánwēi	（名）	8	俗话	súhuà	（名）	9

R 忍受	rěnshòu	（动）	8	素菜	sùcài	（名）	1
任性	rènxìng	（形）	4	素质	sùzhì	（名）	8
荣幸	róngxìng	（形）	9	素质教育	sùzhì jiàoyù		8
融洽	róngqià	（形）	14	塑料袋	sùliàodài	（名）	12
S 三人行必	sān rén xíng bì		15	随机	suíjī	（形）	14
有我师	yǒu wǒ shī			随时	suíshí	（副）	13
丧事	sāngshì	（名）	15	缩影	suōyǐng	（名）	7
丧失	sàngshī	（动）	15	所得税	suǒdéshuì	（名）	3
沙尘暴	shāchénbào	（名）	7	**T** 塌	tā	（动）	7
傻子	shǎzi	（名）	7	碳	tàn	（名）	12
稍等	shāoděng	（动）	1	掏	tāo	（动）	3
奢侈	shēchǐ	（形）	12	桃李满天下	táolǐ mǎn tiānxià	（成）	15
设置	shèzhì	（动）	3	淘汰	táotài	（动）	12
身份	shēnfen	（名）	10	讨价还价	tǎo jià huán jià	（成）	15
深浅	shēnqiǎn	（名）	14	特殊	tèshū	（形）	5
生涯	shēngyá	（名）	6	提倡	tíchàng	（动）	12
剩下	shèngxià	（动）	8	提供	tígōng	（动）	3
时装	shízhuāng	（名）	12	提醒	tíxǐng	（动）	3
实惠	shíhuì	（名、形）	3	体面	tǐmiàn	（形）	9
适用	shìyòng	（动）	2	体系	tǐxì	（名）	4
收藏	shōucáng	（动）	6	体验	tǐyàn	（动）	2
收银员	shōuyínyuán	（名）	3	天使	tiānshǐ	（名）	12
手帕	shǒupà	（名）	12	填	tián	（动）	1
手舞足蹈	shǒu wǔ zú dǎo	（成）	6	调	tiáo	（动）	12
书籍	shūjí	（名）	10	桶	tǒng	（名）	12
抒情	shūqíng	（动）	6	投资	tóuzī	（动）	4
舒适	shūshì	（形）	14	透明	tòumíng	（形）	2

透支	tòuzhī	（动）	3	馅饼	xiànbǐng	（名）	3
推荐	tuījiàn	（动）	11	羡慕	xiànmù	（动）	9
推说	tuīshuō	（动）	10	香菜	xiāngcài	（名）	1
退休	tuìxiū	（动）	11	享受	xiǎngshòu	（动）	3
褪色	tuìsè	（动）	5	想方设法	xiǎng fāng shè fǎ	（成）	12
吞	tūn	（动）	3				
W 外遇	wàiyù	（名）	2	逍遥	xiāoyáo	（动）	4
完善	wánshàn	（形）	4	消失	xiāoshī	（动）	11
玩耍	wánshuǎ	（动）	13	销售量	xiāoshòuliàng	（名）	6
网线	wǎngxiàn	（名）	1	小题大做	xiǎo tí dà zuò	（成）	15
危机	wēijī	（名）	1	心灵	xīnlíng	（名）	8
违法	wéifǎ	（动）	10	心思	xīnsi	（名）	5
唯独	wéidú	（副）	12	辛苦	xīnkǔ	（形）	9
维持	wéichí	（动）	2	形势	xíngshì	（名）	14
温馨	wēnxīn	（形）	6	醒目	xǐngmù	（形）	15
稳定	wěndìng	（形）	1	幸运	xìngyùn	（形）	9
稳固	wěngù	（形）	14	修剪	xiūjiǎn	（动）	14
问世	wènshì	（动）	13	虚拟	xūnǐ	（形）	13
蜗居	wōjū	（动）	14	询问	xúnwèn	（动）	3
无动于衷	wú dòng yú zhōng	（成）	13	**Y** 押金	yājīn	（名）	5
				雅	yǎ	（形）	7
无可争议	wú kě zhēngyì		6	严厉	yánlì	（形）	5
无时无刻	wú shí wú kè	（成）	8	演讲	yǎnjiǎng	（动）	11
无限	wúxiàn	（形）	12	摇滚	yáogǔn	（名）	5
五官	wǔguān	（名）	4	摇篮曲	yáolánqǔ	（名）	6
五官端正	wǔguān duānzhèng		4	要不	yàobù	（连）	1
X 牺牲	xīshēng	（动）	11	液晶	yèjīng	（名）	13
熄火	xīhuǒ	（动）	12	一无是处	yī wú shì chù	（成）	11
洗漱	xǐshù	（动）	8	一无所有	yī wú suǒ yǒu	（成）	4
喜好	xǐhào	（名）	15	一跃而起	yí yuè ér qǐ		7
先河	xiānhé	（名）	6	依赖	yīlài	（动）	4
鲜明	xiānmíng	（形）	15	意识	yìshi	（名）	4
鲜艳	xiānyàn	（形）	15	因材施教	yīn cái shī jiào	（成）	15
现场	xiànchǎng	（名）	5	因素	yīnsù	（名）	10
限制	xiànzhì	（名）	13	音像	yīnxiàng	（名）	6
陷阱	xiànjǐng	（名）	7	引人注目	yǐn rén zhùmù	（成）	13

饮料	yǐnliào	（名）	5	正版	zhèngbǎn	（名）	6
饮食	yǐnshí	（名）	10	政策	zhèngcè	（名）	2
应有尽有	yīng yǒu jìn yǒu	（成）	3	芝麻	zhīma	（名）	7
婴儿	yīng'ér	（名）	6	知足	zhīzú	（形）	9
硬盘	yìngpán	（名）	12	执照	zhízhào	（名）	5
硬性	yìngxìng	（形）	15	职业	zhíyè	（名）	9
拥挤	yōngjǐ	（形）	11	职责	zhízé	（名）	11
拥有	yōngyǒu	（动）	10	指标	zhǐbiāo	（名）	9
有色眼镜	yǒusè yǎnjìng		4	指点迷津	zhǐdiǎn míjīn		8
有效	yǒuxiào	（动）	5	指责	zhǐzé	（动）	4
幼儿园	yòu'éryuán	（名）	8	治理	zhìlǐ	（动）	11
语感	yǔgǎn	（名）	10	秩序	zhìxù	（名）	15
郁闷	yùmèn	（形）	3	中圈套	zhòng quāntào		3
浴缸	yùgāng	（名）	12	皱眉头	zhòu méitóu		15
浴室	yùshì	（名）	12	主管	zhǔguǎn	（名、动）	9
预测	yùcè	（动）	2	主席	zhǔxí	（名）	11
原件	yuánjiàn	（名）	3	煮	zhǔ	（动）	1
乐坛	yuètán	（名）	6	专利	zhuānlì	（名）	4
暂时	zànshí	（名）	4	专业	zhuānyè	（名）	1
造成	zàochéng	（动）	4	追求	zhuīqiú	（动）	2
赠送	zèngsòng	（动）	3	坠	zhuì	（动）	2
乍	zhà	（副）	8	资格	zīgé	（名）	3
沾	zhān	（动）	8	自身	zìshēn	（名）	14
占用	zhànyòng	（动）	9	足不出户	zú bù chū hù	（成）	13
站住脚	zhànzhù jiǎo		4	足够	zúgòu	（形）	2
张口结舌	zhāng kǒu jié shé	（成）	14	钻石	zuànshí	（名）	2
				遵守	zūnshǒu	（动）	15
哲学家	zhéxuéjiā	（名）	6	琢磨	zuómo	（动）	14
针对	zhēnduì	（动）	15	作废	zuòfèi	（动）	3
真理	zhēnlǐ	（名）	15	作息	zuòxī	（动）	8
枕头	zhěntou	（名）	8	做作	zuòzuo	（形）	6

《发展汉语》（第二版）
基本使用信息

教　材	适用水平	每册课数	每课建议课时	每册建议总课时
初级综合（I）	零起点及初学阶段	30课	5课时	150-160
初级综合（II）		25课	6课时	150-160
中级综合（I）	已掌握2000-2500词汇量	15课	6课时	90-100
中级综合（II）		15课	6课时	90-100
高级综合（I）	已掌握3500-4000词汇量	15课	6课时	90-100
高级综合（II）		15课	6课时	90-100
初级口语（I）	零起点及初学阶段	23课	4课时	92-100
初级口语（II）		23课	4课时	92-100
中级口语（I）	已掌握2000-2500词汇量	15课	6课时	90-100
中级口语（II）		15课	6课时	90-100
高级口语（I）	已掌握3500-4000词汇量	15课	4课时	60-70
高级口语（II）		15课	4课时	60-70
初级听力（I）	零起点及初学阶段	30课	2课时	60-70
初级听力（II）		30课	2课时	60-70
中级听力（I）	已掌握2000-2500词汇量	30课	2课时	60-70
中级听力（II）		30课	2课时	60-70
高级听力（I）	已掌握3500-4000词汇量	30课	2课时	60-70
高级听力（II）		30课	2课时	60-70
初级读写（I）	零起点及初学阶段	15课	2课时	30-40
初级读写（II）		15课	2课时	30-40
中级阅读（I）	已掌握2000-2500词汇量	15课	2课时	30-40
中级阅读（II）		15课	2课时	30-40
高级阅读（I）	已掌握3500-4000词汇量	15课	2课时	30-40
高级阅读（II）		15课	2课时	30-40
中级写作（I）	已掌握2000-2500词汇量	15课	2课时	30-40
中级写作（II）		15课	2课时	30-40
高级写作（I）	已掌握3500-4000词汇量	12课	2课时	30-40
高级写作（II）		12课	2课时	30-40

发展汉语 Developing Chinese 第二版 2nd Edition

综 合

○	初级综合（Ⅰ）含1MP3	ISBN 978-7-5619-3076-2	79.00元
○	初级综合（Ⅱ）含1MP3	ISBN 978-7-5619-3077-9	75.00元
○	中级综合（Ⅰ）含1MP3	ISBN 978-7-5619-3089-2	56.00元
○	中级综合（Ⅱ）含1MP3	ISBN 978-7-5619-3239-1	60.00元
○	高级综合（Ⅰ）含1MP3	ISBN 978-7-5619-3133-2	55.00元
○	高级综合（Ⅱ）含1MP3	ISBN 978-7-5619-3251-3	60.00元

口 语

○	初级口语（Ⅰ）含1MP3	ISBN 978-7-5619-3247-6	65.00元
○	初级口语（Ⅱ）含1MP3	ISBN 978-7-5619-3298-8	74.00元
○	中级口语（Ⅰ）含1MP3	ISBN 978-7-5619-3068-7	56.00元
○	中级口语（Ⅱ）含1MP3	ISBN 978-7-5619-3069-4	52.00元
○	高级口语（Ⅰ）含1MP3	ISBN 978-7-5619-3147-9	58.00元
○	高级口语（Ⅱ）含1MP3	ISBN 978-7-5619-3071-7	56.00元

听 力

○	初级听力（Ⅰ）含1MP3	ISBN 978-7-5619-3063-2	79.00元
○	初级听力（Ⅱ）含1MP3	ISBN 978-7-5619-3014-4	68.00元
○	中级听力（Ⅰ）含1MP3	ISBN 978-7-5619-3064-9	62.00元
○	中级听力（Ⅱ）含1MP3	ISBN 978-7-5619-2577-5	70.00元
○	高级听力（Ⅰ）含1MP3	ISBN 978-7-5619-3070-0	68.00元
○	高级听力（Ⅱ）含1MP3	ISBN 978-7-5619-3079-3	70.00元

"练习与活动" + "文本与答案"

读 写

○ 初级读写（Ⅰ）含1MP3
　ISBN 978-7-5619-3360-2　32.00 元
○ 初级读写（Ⅱ）含1MP3
　ISBN 978-7-5619-3461-6　32.00 元

阅 读

○ 中级阅读（Ⅰ）
　ISBN 978-7-5619-3123-3　29.00 元
○ 中级阅读（Ⅱ）
　ISBN 978-7-5619-3197-4　29.00 元
○ 高级阅读（Ⅰ）
　ISBN 978-7-5619-3080-9　32.00 元
○ 高级阅读（Ⅱ）
　ISBN 978-7-5619-3084-7　35.00 元

写 作

○ 中级写作（Ⅰ）
　ISBN 978-7-5619-3286-5　35.00 元
○ 中级写作（Ⅱ）
　ISBN 978-7-5619-3287-2　39.00 元
○ 高级写作（Ⅰ）
　ISBN 978-7-5619-3361-9　29.00 元
○ 高级写作（Ⅱ）
　ISBN 978-7-5619-3269-8　29.00 元

© 2011 北京语言大学出版社，社图号 11109

图书在版编目（CIP）数据

中级口语 . II ／ 蔡永强编著 . — 2 版 . — 北京：
北京语言大学出版社，2011.12（2017.5 重印）
（发展汉语）
普通高等教育"十一五"国家级规划教材
ISBN 978-7-5619-3069-4

I . ①中… II . ①蔡… III . ①汉语－口语－
对外汉语教学－教材　IV . ① H195.4

中国版本图书馆 CIP 数据核字（2011）第 133195 号

发展汉语（第二版）中级口语（II）
FAZHAN HANYU (DI-ER BAN) ZHONGJI KOUYU (ER)

排版制作：北京创艺涵文化发展有限公司
责任印制：周　燚

出版发行：北京语言大学出版社
社　　　址：北京市海淀区学院路 15 号，100083
网　　　址：www.blcup.com
电子信箱：service@blcup.com
电　　　话：编辑部　　8610-82303647/3592/3395
　　　　　　国内发行　8610-82303650/3591/3648
　　　　　　海外发行　8610-82303365/3080/3668
　　　　　　北语书店　8610-82303653
　　　　　　网购咨询　8610-82303908
印　　　刷：北京中科印刷有限公司

版　次：2011 年 12 月第 2 版　　　印　次：2017 年 5 月第 8 次印刷
开　本：889 毫米 × 1194 毫米 1/16　印　张：13.5
字　数：233 千字
定　价：52.00 元

PRINTED IN CHINA